国際協力
アクティブ・ラーニング

ワークでつかむグローバルキャリア

第2版

佐原隆幸・徳永達己 著

弘文堂

はじめに

　国際協力の世界に志を立ててそこで活躍しようとするみなさん。この本はそうした想いを持ちながら実際に何をすべきか悩んでいる人に、現場で用いられる実践的な手法を伝え、国際協力のフロントラインの状況をお知らせして、この世界に飛び立っていただく後押しをするために書かれたものです。

　2016年に刊行した初版は多くの方から支持をいただき、このたび第2版を刊行する運びとなりました。初版を刊行した7年前から現在に至るまでの間に、COVID19が全世界に猛威をふるい、ロシアがウクライナに侵攻するという大きな事件が起きました。2015年にMDGsから引き継がれたSDGsには多くの人が関心を寄せていますが、地球規模の課題はなかなか解決できていません。第2版ではこうした事情をふまえ、14章を中心に最新の情報を掲載しています。

　このところ、新型インフルエンザ、エボラ出血熱、COVID19、サル痘などの感染症や食品の衛生など、途上国で発生している問題が、私たちの生活の安心・安全に直接かかわってきています。COVID19についてはインドや南アフリカでの対応の遅れが新たな亜種を生み、先進国での感染を拡げています。長引く紛争により不安や絶望が膨張し、大量の難民が国境を越えて移動しています。UNHCRによると、2021年の難民数は8930万人。1991年の2倍に達しています。中でもシリア難民は680万人と突出しています。2022年に発生したロシアによるウクライナ侵攻は現在2年目に入り、難民数はさらに増加、戦争が終結する兆しは全くありません。住む家を追われた人々は世界で1億人を超え、さらに増加すると見込まれます。地球規模の異常気象や大地震が毎年のように起こり、国際社会からの速やかな人道支援の仕組みが求められています。テロに訴えて立場を主張する勢力の拡大はやがて日本にも悲劇を及ぼしそうな状況です。

　このように私たちの「今」の裏側にはいつも途上国の「今」があり、切っても切り離せない関係がどんどん強まってきています。食糧、エネルギー、資源などの経済市場だけでなく、日々の健康や治安の維持についても日本の途上国への依存は深まっています。実は途上国の生活の安定が私たちの生活の安定に直結しているのです。途上国の貧困に目をそむけ問題の解決を放置していると、それは確実に、そしてますます直接的な形で私たちの貧困を引き起こし、深刻な問題を発生させます。

　私はかつてJICAのスタッフとして、ある途上国の事務所でプロジェクトの企画と管理運営に参加していました。そこで痛感したのは、支援を受ける側が十分に納得する形で協力をしなければ、支援の効果は定着しないという現実でした。独りよがりの思い込みで協力するのではなく、できるだけ幅広い関係者の意見を取り入れて、支援する側とされる側

が一緒になって学び、相手に合ったスピードで能力を育てていくことが、結局は近道であるということです。そしてこの学びと能力の育成を積み上げていく過程を、たとえそれが教室における模擬実習という形であっても、ぜひみなさんに追体験していただきたいのです。そうすれば、みなさんがいま抱えている「どこから手を付けたらいいのかわからない感」は拭われ、国際協力に関わってみる具体的なきっかけをつかむことができるでしょう。そこで本書ではグループ学習というスタイルをとり、①対話による問題提起→ ②「なぜそうなのか」から始まる解説→ ③アクティブ・ラーニング→ ④キーワードの確認→ ⑤参考図書での調べ学習、という一連の流れを設定し、身近な疑問に答えながら知識を獲得できるような学習者中心の構成となっています。とくにアクティブ・ラーニングでは、個人の気づきを大切にしつつ複数の視点から理解を深めることで、予定調和ではない行動的な学びを促します。

　現在、日本で生活する私たちは、紛争解決の手段として軍事力を行使しないという憲法上の約束事とともに生きています。専守防衛という外交政策の枠組みのなかで独立を守り繁栄を築いていくためには、国際社会の中で日本なりの形で国際貢献をしっかりと果たしていくことが求められます。平和的な手段による国際協力は、若いみなさんがこの国の将来を創り、世界を創り、生きがいと物質的および知的豊かさに満ちた「これから」を手に入れるために不可欠の手段です。国際協力は実は日本のために、そしてみなさん自身のために実施しているということを認識してください。そして、その方法を理解しておくことは、みなさんの「今」と「これから」に直接かかわるテーマです。これからの国際協力にどのように参加していくのかは、国際協力の仕事を志す人だけではなく、学生として、また社会人として、一度正面からしっかりと考えておくべき事柄であるといえましょう。

　主人公の友子さんは中学時代から国際協力の世界にあこがれて国際学部を選びました。本書では友子さんの疑問をひとつひとつ解きほぐし、みなさんにプレワークスタディとグループ課題からなるアクティブ・ラーニングに取り組んでいただく中から、国際協力の具体的なイメージが抱けることを企図しています。あくまで机上の試みですが、国際協力の現場を体験する勇気を得ていただければ幸いです。

　ぜひみなさんも友子さんと一緒に、国際協力のキャリアをつかみ取る学びの旅を始めてみてください。

　　2023年　12月

佐原　隆幸

本書のつかいかた

　本書は4部から構成されています。

　第Ⅰ部**「現状を知る」**では、途上国の抱える代表的な4つの課題についての取り組みを紹介します。ミレニアム開発目標でも取りあげられましたが、それ以前からも、また現在も途上国が取り組み続けている古くて新しい課題です。

　第Ⅱ部**「方法を知る」**では、国際協力の基礎知識を学びます。プロジェクトとは何か、問題解決型の計画手法とは、参加型計画手法とは、PLA手法とは、政府予算でおこなう国際協力とは、組織制度づくりとは、小規模融資とは、といった基本的で必須なテーマを扱います。

　第Ⅲ部**「課題を知る」**では、最新の課題を取り上げます。環境問題、エネルギー問題、食糧問題、感染症問題、そしてグローバリゼーションの問題について学び、ミレニアム開発目標を引き継ぐ持続可能な開発目標への展望をおこないます。

　第Ⅳ部**「実践ワーク」**では、国際協力の現場で実際に使われる手法を使った分析に取り組んでみましょう。むずかしい課題もありますが、国際協力の仕事のイメージをつかんでみてください。

● プレワーク・スタディ
　章の内容をふりかえるとともに、グループワーク課題の下調べをしましょう。

● グループワーク課題
　章で学んだ内容を現場で実践することを想定した課題です。グループで取り組みます。

● Further Steps
　さらに学びたい人は、ここで挙がっている文献やネット上の資料を参考にしてください。

目　次

第I部　現状を知る

第II部　方法を知る

この本に登場する人たち

◆友子さん

国際学部の1年生。中学時代の担任が青年海外協力隊の経験者で、授業の合間に途上国の農村での活動について活き活きと話してくれたことが国際協力をめざすきっかけでした。将来は国際援助機関やNGO／NPOで働くことを希望しています。

入学ガイダンスで国立先生から「国際協力にはクールな頭脳と温かい心が必要」と言われ、情熱さえあればなんとかなると甘く考えていた自分を反省しました。プロジェクトを成功させるためにはむずかしい知識も必要ということなので、頑張って勉強しようと思います。

◆正樹さん

国際学部の研究科に通う大学院生。外国語学部を卒業後、力試しのつもりで青年海外協力隊に参加しましたが、任地での経験が忘れられず、開発のプロを目指して勉強中です。国立先生が指導する開発プロジェクトの管理手法を研究するゼミで学び、将来はコンサルタント会社に就職して途上国で活動したいと考えています。学部ではティーチング・アシスタント（TA）として、講義の補佐をしたり、学部生の質問に応じています。

後輩から思いもよらない質問をされて気づくことも多く、そこから研究のヒントを得ることもあります。「国際協力をやりたい！」という新入生の一途な情熱からはいつもパワーをもらっているので、ぼくが知っていることはできるだけ伝えたいと思っています。

◆国立先生

　正樹さんの指導教授で、友子さんの受講する「国際協力入門」の講義を担当。援助機関で 20 年間国際協力の仕事をした経験をもとに、授業では多くの事例を紹介しながら学生たちが国際協力の仕事に就くための支援をしています。

> ネットの普及により、国際協力はいつでも誰でもどんな形でも参加できるようになりました。2030 年までに地球上から極度の貧困をなくし、誰もが幸せを追求できる世界を実現させるという理想も取り組み方次第では夢ではありません。そのために学ぶ皆さんは、ぜひ基本的な知識を得て、納得できないことはどんどん質問したり議論したりして考えてみてください。答えはひとつとはかぎりませんが、予算や時間にはかぎりがあり、現実は待ってくれません。国際協力の現場を想定したワークで複数の視点から議論を重ね、問題解決に必要な様々なアプローチを頭に入れておくことには大きな意味があります。机上でトライアル＆エラーを重ねておくと、問題の核心を直感的に理解できるようになり、実際の現場でも自信を持って行動できます。

現状を知る

第I部では途上国の抱える代表的な課題を4つ取り上げます。

安全な水の確保、母と子の健康、初等教育の拡充、そしてインフラ不足への対応についてです。これらは2000年の国連総会で国際社会が力を合わせて取り組むべき課題として取り上げたミレニアム開発目標に盛り込まれていたテーマですが、実はそれ以前からも、そして今も途上国が直面している基本的なテーマであり続けています。

2015年はミレニアム開発目標の最終年でしたが、これらの課題はいずれも十分に解決されたとはいえず、後継の持続可能な開発目標（SDGs：Sustainable Development Goals）に引き継がれました。2030年を目標年とするSDGsですが、これまでの反省を踏まえ、より一層の努力が求められています。

安全な水の確保

公平感を大切にする仕組みづくり

　安全な水、それは「飲んで安全な水」という意味です。安全な水の確保は、赤痢やコレラなどの水系感染症にかからないために不可欠です。この問題は、国連が西暦2000 年に掲げた**ミレニアム開発目標**の 8 つの課題のうち 7 番目として、2015 年までに安全な飲料水を継続的に利用できない人を半減することを目標に掲げてきました。SDGs の 6 番目の目標として現在も継続して取り組まれています。目標達成のためには井戸を使った地下水の開発がもっとも確実な方法として期待を集めています。しかし、これまでに多額の援助資金がつぎ込まれ、多くの井戸が建設されたにもかかわらず、その稼動状況は思わしくなく、なかなか目標を達成できません。

　そこで現在では、井戸の建設に加えて、井戸の維持管理のための利用者組合の運営指導など、地域社会の運営改善を含めた組織・制度開発のモデルづくりとその普及が必要だと考えられるようになりました。

ブルキナファソで建設された井戸
〔写真提供：古谷尚子〕

せっかく掘った井戸が使われなくなるのはどうしてなんでしょう？

 理由はいろいろあるよ。水の利用についてのルール作りや集金がうまくいかない、メンテナンスなどの維持管理ができない、料金の決め方に不満があるなどが代表的だね。水脈のある場所に井戸を作ったけど、家から遠くて使いにくいなんていう場合もある。対立するグループの居住区を通って水汲みに行くなんて最悪だからね。

 えー、もったいない。役に立たないんじゃ意味がないですよね。計画段階で現地の人たちの意見をもっとしっかりリサーチできなかったんでしょうか？

 途上国の人たちから意見を引き出して合意形成に持っていくのは容易じゃないんだ。しかも限られた人材と期間でやらなくちゃいけないわけだからね。植民地を治めた歴史をもつフランスやベルギーには長年の経験からまとめあげた手法があるので、そういうものを参考にして試行錯誤するしかないのが現実だね。
アフリカのいくつかの国では、過去に援助で建設した多数の井戸が放置されてしまって、どう活用させればいいか、その対策が新たなプロジェクトになっているんだ。

 笑えない笑い話ですね。井戸を造るだけじゃダメで、制度作りまで支援して、うまくいくのを見届けないといけないんですね。

 そのとおり。そのためには現地の技術者が井戸を建設できる技術が必要なのはもちろん、資材や機材を調達する仕組みを作り、利用規則を作り、料金を徴収し、大規模補修に備えた積み立てもおこなう。こういう当たり前の維持管理ができるようにすることが大事なんだ。

 それ、このあいだ授業で習いました。個人―組織―制度の三層にわたって問題解決能力をつけるということですね。

 抽象的にいうとそうなるね。でも大事なのは具体的な問題を具体的に考えることなんだ。いちばんいいのは現地を訪ね、観察し、対話し、適した方法を自分で考えてみることだね。そうそう、夏休みや春休みの途上国研修には開発プロジェクトの現場視察が盛りだくさんでおすすめだよ。

 なにごとも自分の目で見ろってことですね。よーし、さっそくパンフレットをもらってこようっと！

みなさん、こんにちは。教員の国立です。
第1章のテーマは「安全な水」、国際協力の世界ではたいへん重要な課題です。
友子さんはすぐにでも現場に行きたそうですが、本書では具体的に考えるヒントとなる課題とワークを各章で用意していますので、まずは取り組んでみてくださいね。
友子さんと正樹さんの会話にはワークのヒントも入っていますので、ワークに行き詰ったときは読み返してみてください。

◇ 安全な水の不足問題の多面性

　世界で十分な量の水を使えない人は 3 人に 1 人、安全な飲料水を利用できない人は 10 億人といわれています。その結果 8 秒間に 1 人の割合で、水に起因する病気で子どもが死んでいるという現実があります。水不足の一方で、局地的な豪雨による洪水など過剰な水による災害も発生しています。水をしっかり管理できないことは、食糧の生産にも支障をきたしています。安全な水の確保は、実は単に飲料水の問題だけではなく、保健の問題（中でも妊産婦および乳幼児の健康の問題）、水汲みに動員される女性や女子の教育機会の不足の問題、そして彼らの潜在能力の発展を阻んでしまうという人権の問題としても議論されています。

　2015 年を迎えた時点で状況はなかなか改善しないことがわかってきました。その理由は、農村給水については、井戸を多数建設しても、それがある日外国人が来て援助で建設してくれた井戸であるならば、故障すると放置されるというケースが後を絶たないからでした。

　現在は 2016 年から 2030 年の SDGs の目標 6 に引き継がれていますが、過去の反省を活かして地域住民自身が維持管理できる仕組みづくりが求められています。

◇ 施設建設だけでなく使い方のルールづくりも

　そこで問題の核心は、多くの井戸を建設するということから、井戸の建設と同時に、その維持管理が可能となるような社会制度も含めて整備することに移ってきました。中でも、どのようにして利用者が水料金を払うようにするかというのが課題でした。使う水の量は、家族ごとの人数や所有する家畜の数によって異なります。一方で収入も家庭ごとに異なります。季節によっても異なります。貧困層には特別の配慮も必要です。どのようにすれば不公平感が出ないのでしょう。使う水の量にかかわらず定額を徴収するか、あるいは使った量の分だけ課金する**従量料金制**にするのか。両者を組み合わせる場合には、どこまで使ったら従量料金制に切り替えるか。どのような仕組みを作れば、管理が簡単でなおかつ、不平が少なく、また壊れた場合も迅速に補修してもらえるような態勢を作れるかが問われているわけです。

　井戸の建設とその活用のための組織づくり、ルールづくり、持続性のある補修の仕組みづくりについては、実はベルギーやフランスが豊富な経験を有しています。

日本の援助はこのベルギーやフランスの経験を取り入れながら、現地により適した仕組みづくりを進めようとしています。単にモノを作ればいいという時代ではありません。援助の世界でも、**地域社会の運営改善**も含めた、総合的な知恵の優劣を競う、そういう時代に入っています。

◇ 問題解決のできる組織づくり

　都市の給水の場合はどうでしょう。ここでも料金徴収が問題となります。しかしそれ以上に漏水や盗水により、きれいに浄化してもそれが家庭に届く前に失われてしまうことが深刻でした。その分は料金徴収ができず、資金不足となり、結果的に浄水場を建設したり、水を浄化するための薬品が購入できなかったり、あるいは水道管網を維持管理していくための人件費や資材費が不足する事態が起こります。援助で建設された直後の数年を過ぎると、状況は悪化していきます。ここでも、これらの問題を把握して対処していく能力を備えた組織（たとえば水道公社あるいは水道会社）をしっかりと作っていくこと、その組織が問題を解決できるよう導いていくことが、知恵の出しどころとなります。

　タンザニアのダルエスサラームにある水道公社では、初期投資を抑えるために、首都ではあっても都心以外の地区については、都市型の**各戸給水網**を建設するのではなく、近隣で共用の井戸を利用する農村型の給水システムを導入しました。水需要が増えるペースに合わせて徐々に大規模なインフラに取り替えていく方法を選択することで、水料金の額を低く抑えるためです。いくら大きな都市でも、そこに住んでいる人々の収入のレベルが低ければ、支払える水料金にはおのずと上限があります。ですからまずは簡易な農村型の**共用井戸**から始め、人々の収入が上がり、便利さにお金を払ってもいいと考える人が増えるのを待って、徐々に各戸で蛇口を備えた都市型の給水施設に切り替えていくことにしたのです。

　JICAやNGOのプロジェクトでは、受益者から水道料金をきちんと徴収する、維持管理を実現するという難問に取り組んでいます。お金が集まり、維持管理がなされ、サービスが持続的に提供されるという状況を作り出していくことが、まずは重要なのです。この事例は、先進国の経験を単純に導入するだけでは不十分であり、現地の受益者の生活を念頭に、現地にあったインフラおよび組織制度を作っていくことが重要であることを示しています。

図 共用給水設備導入で変わった生活時間 (インドネシア スンバ島の事例)

水汲み労働の軽減
6時間／日➡2時間／日

● 女性への便益
・収入を得られる活動に時間を活用（農業や農作物の販売）

● 男性への便益
・仕事への専念

● 児童生徒への便益
・遅刻の減少
・学習時間の確保

● 全世代・男女
・より清潔な暮らし
・余裕ある家庭生活

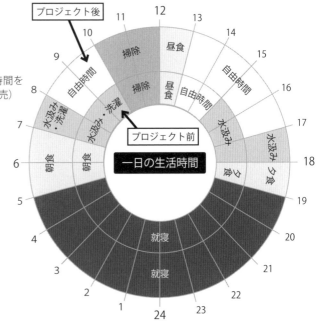

（2002年インドネシア生活改善ダッカ会議資料より）

┌─ プレワーク・スタディ ─────────────────────────────┐

水の問題を身近な例から理解するために、以下について調べてみましょう。

（1）自宅の水道料金請求書はどこから来ていますか。公的機関ですか、それとも水利用組合ですか。

（2）水道料金の体系はどうですか。いくらの利用量までが定額で、どこから従量で払っていますか。水を多く使うガソリンスタンドやプールなどでも同じ料金体系でしょうか。

（3）過去数年間の水道料金の増減を、給水サービスをおこなっている事業体のウェブサイトで確認してみましょう。隣接する地域とくらべて料金差はないですか。

（4）地域で発生した水系伝染病はないか、保健所のウェブサイトで確認してみましょう。

└──┘

グループワーク課題

ワーク1 安全な水を確保する主要な方法の1つは井戸を普及させることです。しかし単に井戸を作っただけでは継続的に安全な水を提供することにはつながりません。村人の気持ちになって、空白のフキダシにつぶやきを書き加えてみてください。

以前

> 水汲みは女の子の仕事だから学校にも行けなかったし、一度にたくさんは運べない。汲み置きした水を飲むと下痢をしたし、子どもが病気になって死んでしまった。

現在

> 井戸ができるのはありがたい。でも壊れてしまったら誰も直せないからそれっきり。

> これまでに100個の井戸ができたけど、今はほとんど壊れてしまった。これもいつまでもつことか。

> みんな料金が不公平だと言って払わないから、積立金が集まらず修理の部品が買えないんだって。

> 誰かがどうにかしてくれないと、井戸がすべて壊れたらまた昔に戻ってしまう！

> 家畜を飼っている人、商売をしている人、野菜を作っている人、家族の少ない人、それぞれ言い分があって話がまとまらない。

グループワーク課題

ワーク2 ワーク1で出たグループ全員のつぶやきを下の表に分類してみましょう。

	井戸の建設	建設後の維持に必要な資材調達	水を利用する決まり事	料金の設定	社会的な弱者（女性、子ども、立場の弱い人）への配慮	追加的に必要な措置
援助する側にとっての課題						
援助してもらう側にとっての課題						

ワーク3 あなたが途上国で安全な水を確保する活動にかかわることを想定してください。かかわる立場によって意見はどのように変わるでしょうか？下の表にそれぞれの立場だったらどう感じるかを書き込み、書き終わったらグループ内で交換して、どこがなぜ違うか意見交換してください。

	地域住民として	先進国の市民として	ボランティアとして	ＮＧＯ活動家として	開発計画専門家として	その他
できること						
できないこと						

世界では今でも10億人が不衛生な水を飲まざるをえないという事実にショックを受けました。

給水のための井戸建設はこれまでに十分おこなわれてきたのに、その維持管理ができないというのが厄介だね。問題解決のためには地域社会のルールづくりにまで入り込まなければならないからたいへんだよ。

 うーん。でも、それって外国人が口出ししていいことなんでしょうか？

これまでは遠慮して相手に任せてきたけれど、もうその余裕はないってことだね。いくら建設しても、壊れたら放置されてそれっきりじゃ、援助に使われる僕らの税金は無駄遣いになってしまうんだから。

 ということは、援助する側には、地域の人々の中に溶け込んで、相手を観察し、対話しながら納得のいくルールをつくり上げていく能力が求められるわけですね。

お金よりも人材、つまり援助する側の社会的能力も試されるんだ。

Further Steps　この章で議論したことをより深く掘り下げるために、以下のプロジェクトおよび関連する特別報告をネットで検索し、その内容を確認してみよう。

・鈴木智良「ポストコロナのレジリエントな都市づくり」JICA、2022年
・佐原隆幸「モンゴルへの国際協力：いまもなお上水の供給こそが最優先課題」『国際開発学研究』勁草書房、2012年
・佐原隆幸ほか「中国・中西部の社会開発と日本のODA」『国際開発学研究』勁草書房、2011年
・玉真俊彦『水ビジネスの教科書』技術評論社、2010年

国際協力キーワード

アジュフォール　Association des Usagers de Forages

　住民参加型給水施設運営管理組織と訳されるアジュフォールは、地域社会の住民が自ら水利用の規則や料金およびその方法を決め、維持管理に当たる水利用組合を指します。この組合をつかって給水施設を維持管理する手法は、そもそもは、ベルギーのコンサルタントが開発した手法です。その特徴は、（1）水利用者組合の設立に当たり民主的な選挙で委員を選び、村人全員に対し給水サービスを提供する、（2）水の利用量に沿って料金を徴収する従量制を基本とし、また支払いはその都度の負担の少ない小口の料金徴収をおこなう、（3）メンテナンス費用の積み立て、大規模修理費用の積み立ての2種の目的に分けて銀行口座を開き、この口座でお金を管理し、利用者が求めれば内容を開示する、（4）故障の修理ができる民間業者と契約し迅速な施設の復旧ができる仕組みを確保する、というものです。この手法は、現在多くの村落給水プロジェクトで活用されています。

第 2 章

母子手帳の活用

日本の経験を途上国に

　「**母と子の健康手帳**」（母子手帳）を見たことはありますか。妊娠が確認されたときに地方自治体に届けを出すと交付される手帳で、妊婦の健診結果や出産時の記録、乳幼児期の発達や予防接種の記録を記入することができます。母親が記入する欄や育児情報も掲載されていて、妊娠時から学童期までの健康記録がこの 1 冊に集約されています。

　日本の母子手帳は、戦前に富国強兵の一環としてドイツから導入されたものですが、現在では JICA の指導により途上国に導入され、妊産婦や乳児の健康水準の向上に貢献しています。

 母と子の健康水準の改善は国際協力の重要なテーマなんですね。

残念ながら途上国ではいまだに乳幼児死亡率が高いから、できるだけ多く産んで多くの子どもを残そうとする。そのため間隔を置かずに妊娠と出産を繰り返す女性が多くて、母体への負担が大きいんだ。

 うわあ、不衛生な環境でしょっちゅう妊娠・出産するなんて、たいへんそう。でも、その問題は女性だけでは解決できませんよね？

そう、男性に理解を促すのが重要なんだ。子どもの数を制限するためには避妊具の使用が大事だからね。

 途上国では女性の地位が低いから、女性からはなかなか言いにくいでしょうね。日本にいると、そんなことは当たり前だと思ってしまいますけど。

宗教や伝統的な価値観から、子どもが多いほど神の恵みに満ち、幸せになれると信じている社会も多いからね。

 知り合いのベトナム人の女性は、妊娠したとき、帰国しないで日本で出産すると言っていました。そのほうが安心だからって。

途上国では医療サービスの水準も低いから、出産で亡くなる母親も多いんだ。

産まれた国によって命の重さに差があるなんて納得できません。

そうだね。でも実は日本は、母子手帳の導入という独自の援助方法で成果を出しているんだよ。

> 日本でも戦前は、自宅で産婆さんに手伝ってもらう出産が一般的でした。7、8人の子どもを産み、そのうち半数が成人に達する前に命を落とすことすらありました。出産で死亡する母親も珍しくなく、お産は命がけだったのです。途上国では現在でもこうした情況が当たり前となっています。日本の国際協力がこの問題にどう取り組んでいるのか、確認してみましょう。

◇ 生まれた子どもが育たない

　母と子の健康の改善は途上国にとって重要な課題です。ミレニアム開発目標の8つの課題のうち3つ（目標3：ジェンダー平等の推進と女性の地位向上、目標4：乳児死亡率の削減、目標5：妊産婦の健康改善）がこれに関係していましたが、あまり改善がみられません。

　世界子ども白書によると2019年の乳児死亡率（生後1年未満）は先進国では3人、日本では2人ですが、世界全体では28人です。乳児死亡率が最も高いのはアフリカで、シエラレオーネ81人、中央アフリカ81人、ソマリア74人、アンゴラ50人です。南アジアではパキスタン56人、インド28人と依然高い数値のままです。中国については1995年に29.9人、2000—05年では25.6人でしたが、2019年には7人にまで大幅に改善しました（UNICEF世界子ども白書）。

　妊産婦死亡率についてみると2000年には世界全体では10万人当たり330人、2013年には210人まで改善しました。しかし2017年には211人と悪化しています。途上国の中でもアフリカでは2017年には525人に、米州では57人に、東南アジアでは152人に、そしてヨーロッパでは13人に減少しました。一方でシリアなど紛争に悩む東地中海地域では164人と厳しい現実に直面しています（World Health Statistics, 2022）。WHOのデータでは中国は2017年には29人と大幅に改善しました。

◇ 母と子の健康手帳モデル

　母親と子どもの健康水準を改善するために日本のおこなってきた国際協力として、「母と子の健康手帳」（母子手帳）の活用があります。例としてインドネシアでの国際協力について見てみましょう。

　インドネシアでは 1996 年の乳児死亡率は 1000 人当たり 47 人。世界平均あるいは低・中所得国平均よりは良いものの、他のＡＳＥＡＮ諸国に比べるとひどい状況でした。これは 2002 年には 35 人、2013 年には 25 人に、そして 2019 年には 20 人に改善しています（UNICEF 世界子ども白書 2021）。妊産婦死亡率はどうでしょう。1990 年の妊産婦死亡率は 10 万人当たり 650 人。こちらは特に厳しい状況でしたが、2002 年には 307 人、2007 年には 228 人、2013 年には 190 人、2017 年には 177 人と劇的に改善しています（World Health Statistics, 2022）。改善傾向は定着したものと考えられます。これに関与した日本の国際協力は一体どのようなものだったのでしょうか。

　じつは日本は以前からおこなってきた**地域保健**分野の取り組みを強化する形で、1989 年からの 20 年間、「母と子の健康手帳」導入を軸に粘り強く協力を展開してきました。手帳は 1989 年に**家族計画・母子保健**プロジェクトが中部ジャワで開始された時に導入されました。当初は日本の母子手帳がそのままインドネシア語に翻訳されたものが使われていましたが、その後、より多くの人々に使ってもらうためには内容を簡略化し、現地の事情に合わせて書き換えることが必要だということがわかり、多くの改善がおこなわれました。1996 年からは UNICEF と連携し、西スマトラ、東ジャワ、南スラヴェシへと展開しました。1998 年からは北スラヴェシ州が試験プロジェクト地域に加えられました。1999 年からは地域保健を専門とする青年海外協力隊員 30 名が派遣され、中央のプロジェクト事務所と連携しながら手帳の活用を進めてきました。2003 年には、手帳を導入した州は全国 33 州のうち 23 州に達し、2004 年には保健大臣令により全国への導入が決まりました。その結果、2016 年時点で、出産を控えた、あるいは新生児を抱えた婦人人口の 80％が手帳を手にするにいたっています（インドネシア保健省）。

インドネシアの母子手帳
父親も登場している

　2006 年から 09 年は、ジャカルタの保健省で母子手帳導

入政策の助言をおこなう**知的支援**が展開しています。知的支援とは、導入に当たって実施する研修活動の強化、導入状況のモニタリング、成功例の伝播、手帳の導入効果の科学的調査などです。インドネシアの経験と他国での同種プロジェクトの経験を交換し、そこからさらに改善すべき事項を洗い出していくことも知的支援の一部です。

そして現在、このプロジェクトで得られた知見はインドネシア発の途上国間国際協力として、研修の貴重な教材となっています。毎年9月にはバリ島で母子保健サービスと母子手帳に関する研修会がインドネシア政府主催で開催されます。2014年9月にはケニア、東チモール、ラオス、ベトナムからの参加があり、インドネシアの経験から多くの学びと気づきを得ています。その中で注目すべきは母子手帳が使われるための工夫についてです。

♻ 使われるための工夫

数回にわたる試験州でのプロジェクトの成果をもとに、この広大な島国の多くの地域に手帳が導入され、現在は全国で手帳が配布されています。そして、手帳の効果を挙げるために様々な工夫がなされました。なかでも特に重要なことは、**非識字者への対応**です。

(1) 字の読めない人にもよく理解してもらうために、イラストや写真を使い、親しみやすく直感で内容がわかるようにしました。

(2) イラストに男性を登場させ、母親と子どもの健康を守るために男性が果たすべき役割について理解を得るようにしました。

(3) 標準語ではなく地域ごとの言語を使うとともに、盛り込むべき内容も、その地域でもっとも重要なことを厳選し、わかりやすくまた効果が表れやすいものに改訂していきました（インドネシア「母と子の健康手帳」では死因の最大要因である下痢および気管支炎の抑制に集中した記述がおこなわれました）。

(4) 母親学級を設け、助産婦および保健ワーカーが村のボランティア診療所を訪問し、母子保健活動を実施する際に手帳の記入指導にも当たる仕組みを作りました。字の読めない人々には、必要に応じて読み聞かせをおこなってきました。

（5）収入が**貧困ライン**以下の貧しい家庭には、手帳を持って申請すれば低体重児のために栄養補助食品を与える仕組みを導入し、手帳の一層の活用を進めてきました。報告書によると、こういった工夫を盛り込む活動が国際協力の成果を上げるうえで重要であったと指摘しています。

　手帳は保健教育の教材として、医療従事者との意思疎通の手段として、重病の場合の**紹介・搬送**時の情報伝達手段として、そして一部の国では、出生登録、予防接種、生活保護申請をおこなう際の文書として使われています。手帳の配布を軸に母と子の健康水準を上げていこうとする試みは、現在、インドネシアのほかに、ラオス、モロッコ、アフガニスタン、パレスチナ、バングラデシュなど多くの国で進められています。この試みは、途上国の母と子の健康水準を上げるという課題解決の切り札として期待が集まっているのです。

◇ 中央から地方へ保健医療制度の整備を進める

　日本の協力の優位性は、地域に入っての保健衛生活動だけではありません。資金面で無償資金協力などの大規模な支援がおこなえる状況にある日本は、中央に教育病院を建設し、地方の医療従事者を訓練して再び地方に帰し、全国レベルで人材の底上げを図る協力も得意としています。基礎的な診察機材や検査機材も配布し、中央での研修が地方でもきちんと生かされる態勢づくりを進めるように努めています。

　例をあげてみましょう。ベトナムのバックマイ病院は、かつて急性肺炎 SARS の封じ込めに大きな役割を果たしたことで一躍有名になりました。この病院が地方と連携しながら感染症の押さえ込みに成功したのは、それまでの中央による地方の医療従事者の訓練と連携の蓄積が効いたためといわれています。バックマイ病院は、**教育病院**として、省レベルの病院の医師、看護師、検査技師、病院管理者を集めて研修し、元の病院に戻す活動を日本の協力を得て継続してきました。これにより、軽症患者と重症患者をうまく役割分担しながら治療するという、紹介と搬送のレファラル・システムが首都と省の病院間でおこなわれて、多くの患者を効率的に治療することを可能にしたのです。中央から地方の医療従事者の能力形成をおこなう努力は、現在のところ首都と省の**中核病院**を結ぶところまで伸びていますが、今後はさらに、省から中小の**公立病院**にまで延長されることが期待されています。

　本章の前半では草の根の保健医療の展開に触れました。そこでは「母と子の健康手帳」を使って、末端の**診療所**から地方都市の病院に重症患者を紹介搬送する仕組みを強化していることを紹介しました。この末端から中央へ向かう制度改善の努力と、後半で触れた中央から地方の医療従事者の能力形成を支援する努力をともに支える協力が展開できるのは、実は日本の国際協力ならではの強みなのです。両方からの協力が展開できる日本の支援は、多くの国で人々の期待を集めています。

パレスチナ、母子保健に焦点を当てたリ
プロダクティブヘルス向上プロジェクト
〔写真提供：今村健志朗／JICA〕

プレワーク・スタディ

　母と子の健康の問題を身近な例から理解するために、以下について調べてみましょう。

（1）自分の出生時に公布された母子健康手帳を家族から見せてもらい、最近発行された手帳と比較してみましょう。内容や読みやすさに改善があるでしょうか。

（2）日本で提供されている母子保健の主要なサービスは何でしょうか。

（3）日本の母子手帳は戦前に、富国強兵の一環として健康な兵士を確保するための手段としてドイツから導入されましたが、戦後は母と子の健康水準の向上自体が価値ある目標として設定され、その達成のために保健師の指導のもと地域の母親が組織化され、感染症の抑制や環境衛生改善、そして女性の生活改善の運動が連動して進められました。当時の活動の代表例を長野県須坂市の取り組みに見ることができますが、その概要を紹介した駒澤牧子の文献（Further Steps参照）で具体例として挙げられているものは何ですか。

（4）母と子の健康手帳を途上国に普及するにあたって、乗り越えなければならないと予想される問題を箇条書きしてみましょう。

グループワーク課題 🌱

ワーク1　途上国では出産の際に命を落とす母親や、5歳までの間に病死する子どもたちが多数います。下のイラストに母親たちのつぶやきを考えて書き加えてください。問題を解決しようと、地元の助産婦、ボランティア、保健所や地域の診療所および病院の医療従事者、そして医療行政官も取り組みを進めています。次頁では（1）～（6）の人々についても同様に書き加えてください。

今度で4人目ね。お互い無事に育つといいわね。

うちは運が悪くて上の子2人を亡くしたわ。ひどい下痢をおこしたの。

この間もらった手帳には、出産までと出産後に気をつけることが書いてあるのよ。

隣のミランダさんは出産で亡くなったわ。私たちも無事に産めるといいけれど。

あなたは字が読めていいわね。私も家族も読めないの。予防接種や治療の記録を書いておけば救急病院でも素早く対処してくれるというけど、字なんか書けないわ。

母親学級で手帳の内容や使い方をもっと丁寧に教えてくれるといいのに。使えなくては意味がないわ。

人手が足りないんだって。ここもボランティアが支えてやっと回っているそうよ。医者だって月2回しか来ないし。

(1) 医療ボランティア

(2) 伝統的助産師

(3) 保健所の保健師

(4) 診療所の看護師

(5) 地方病院医師

(6) 県の保健担当行政官

ワーク2 ワーク1のつぶやきをもとにして、途上国の妊産婦と新生児の健康を取り巻く論点を整理するために次の表を完成させてください。

	願望	抱えている問題	今、自分だけでできること	外部支援に期待すること
親 （妊婦・産婦・新生児の母親）				
医療ボランティア				

グループワーク課題

	願望	抱えている問題	今、自分だけで できること	外部支援に 期待すること
伝統的助産師				
保健所保健師				
診療所看護師				
地方病院医師				
県の 保健担当行政官				

ワーク3　ワーク2で出てきた論点を、下の表にまとめなおしてください。

	観察された問題	対応を急ぐ問題	援助の対象とする場合の扱い方
観察された問題 インフラ （助産施設、診療所、病院の整備状況）に関連する問題			
観察された問題 保健指導にかかわる人材の質に関連する問題			
手帳の記述内容に関連する問題			
保健増進を進める行政の進め方の問題			
その他			

日本の母子手帳が途上国でこんなに役立っているなんて知りませんでした。

母子手帳という、日本がドイツから取り入れた技術を、他国に再輸出している形だね。
日本では戦後に、女性が保健師や生活改善普及員といった専門職となって、母子手帳の
普及も含めて地域をまとめていったんだ。

 女性専門職の登場ですね。社会の変化が女性の地位向上につながっていったのかもしれ
ませんね。

戦後の地域保健の向上を女性が推し進めていくなかで得た自信と活力が、半世紀後の国
際協力の中に活かされたと見てもいいと思うよ。だからこそ、途上国の厳しい環境の中
でも、必要な改善を重ねる粘り強さが得られたんじゃないかな。

 国際協力が成功するかどうかは、お金やモノだけじゃなく、関わる人の努力にかかって
いるんですね。

もちろんさ。日本は欧米に追いつこうと頑張った戦前と、社会の在り方を根本から改革
して見直した戦後と、どちらも「学ぶ」ことに必死だったぶん、他国に伝えるものもた
くさんあるんだ。

> **Further Steps** この章で議論したことをより深く掘り下げるために、以下の報告書をネッ
> ト検索し、その内容を確認してみよう。
>
> ・国際協力機構（JICA）「日本の保健医療の経験　途上国の保健医療改善を考える」
> 2004 年 3 月
> ・駒澤牧子「日本の地域保健アプローチから学ぶこと―途上国のプライマリ・ヘ
> ルスケアの推進に向けて」『国際協力研究』Vol.20, No.1（通巻 39 号）2004,
> pp.17-25
> ・小原博「三次医療機関における地域医療指導の試み」『国際協力研究』Vol.18,
> No.1, 2002
> ・国際協力事業団「特定テーマ評価　人口・保健医療分野」p.7, 2000
> ・佐原隆幸「母と子の健康手帳は途上国の健康水準改善の切り札となれるか」『国
> 際開発学研究』勁草書房、2009

妊産婦死亡率　にんさんぷしぼうりつ　ＭＭＲ（Maternal Mortality Rate）

　10万人の出生に対する母親の死亡数で表した、母と子の健康水準を表す基礎的な指標です。母親の死亡が多い背景には、出産中の出血、中毒、不衛生な出産の環境からくる感染などの直接的な原因、慢性的栄養不足や疲労などの間接要因、さらに、女性の地位の低さからくる過重労働など社会的要因が潜んでいると言われています。ミレニアム開発目標の重要な目標ですが、その達成は2015年以降に持ち越されています。

乳幼児死亡率　にゅうようじしぼうりつ　ＣＭＲ（Child Mortality Rate）

　保健水準をあらわす用語の一つで、出生1000人に対し5歳までに死亡する数を取ります。女性が多数の子どもを出産するのが一般的な開発途上国のなかでも、不衛生な環境の中で出産し、また感染症の抑制が遅れている国々ではCMRの値が高くなります。世界銀行の統計では2013年のワースト1はアンゴラで167。1000人中167人が5歳までに死亡しています。日本の同年の数字は3。本文11頁で示した乳児死亡率（IMR：Infant Mortality Rate　出生1000人あたり一年未満で死亡する人数）、および新生児死亡率（NMR：Neonatal Mortality Rate 出生1000人あたり出生時の死亡人数）とともに保健分野の国際協力では頻繁に使われる用語です。

岩手県沢内村　いわてけんさわうちむら

　1940-60年の第二次世界大戦をはさむ20年、日本は生活水準が低下したにもかかわらず、そして未だ抗生物質の恩恵のない中で、官民協働で保健衛生水準を改善しました。岩手県沢内村では、1955年に1000人当たり70.5人を記録した高い乳児死亡率を、1962年には0人にするという偉業を達成しました。この村は合併により現在は西和賀町という名前に変わっていますが、その取り組みの経験は、日本の地域医療のモデルのひとつを提供しているだけでなく、国際協力プロジェクトにかかわる人々にも力を与えています。途上国で母と子の健康を官民上げて守っていこうとする際に、日本の援助関係者が胸に秘める「予算が苦しい中でも必ずできる」という熱い思いの源泉となっているからです。

フィリピン、レイテ州でワクチン接種
日の様子〔写真提供：谷本美加／JICA〕

第 3 章

初等教育の拡充

対話と協働による就学率向上

　SDGs の 4 番目の目標は「普遍的初等教育の普及」です。これからもわかるように、国際協力では教育分野の援助の重心は初等教育におかれています。

　1990 年にタイのジョムチェンで「万人のための教育」(31 頁参照) 宣言が採択され、それ以来複数の宣言が続くことによって初等教育重視の国際世論が高まりました。それまでの日本からの協力の主流は、首都の大学で教員養成や教材開発をおこなうことにあり、その成果の普及は現地政府に任せていました。地方に対しては、校舎の建設など、モノの援助に限定されていたのです。

 モノを作るだけではうまくいかなかった、っていう話、前にもどこかで……あっ、そうだ、井戸のときと同じですね！

そうだね。せっかく学校を作っても、貧しい家では子どもを通わせる余裕がない。子どもも貴重な労働力だからね。就学率を上げるためには親の意識を変えなければいけないことがわかったんだ。

 男の子にしか教育を受けさせない国もありますよね。ここにも宗教とか伝統的な価値観の問題が関係していそうです。そういえば明治時代の日本でも、初等教育の導入期には反対運動が起こって、学校が焼き討ちされたこともあると聞きました。

日本は今でこそ教育熱心な国だけど、貧しい時代は教育に理解のない親も多かった。そこで行政と学校が保護者を巻き込んで就学率を上げてきたという歴史があるんだ。戦後の学校給食や教科書の無償配布も登校を促すための施策だったそうだよ。国際協力でもその経験をふまえて、現地に最適な問題解決策を一緒に考えようという姿勢をとったことで効果が上がったんだろうね。

 なるほど。日本型の協力は、自国の発展してきた経験に基づいているんですね。そこが英語やフランス語を解する少数の行政官を育成し、統治の手助けをさせることに注力したヨーロッパの植民地型教育との大きな違いですね。

うん。教育は結果が出るまでに時間がかかるから、地域社会の支持を取り付けて持続可能な仕組みを作ることが重要なんだ。もちろん、学校づくりなどのインフラ整備や高等教育への支援も地道に続けているよ。

 教育って、種まきみたい。10 年後、20 年後にどんな花が咲くか、楽しみですね。

今回は教育の問題です。「国の開発には教育が欠かせない」という言葉は頻繁に耳にしますが、義務教育でさえ子弟を学校に通わせる余裕がなく、政府の指導に抵抗する親や、登校させても子どものためになるのか疑わしいと多くの親が考える国は、いまだに多数存在します。明治期の日本もまさにそうでした。とすると、この問題は最終的には地域社会の納得と協力を得て進めていくことが必要です。そもそも、なぜ初等教育は重要なのでしょうか。

◇ 初等教育重視を求める国際世論の高まり

　教育は開発の要です。1998年にアジア人で初めてノーベル経済学賞を受賞したアマルティア・センはその著作の中で、個々人がその**潜在能力**を十分に発揮できる仕組みを作ることが、開発にとってもっとも重要な要件であると述べています（アマルティア・セン著／大石りら訳『貧困の克服』集英社新書、2002年）。潜在能力を重視する彼の思想は、各国を人間開発の4段階に順位付ける国連開発計画の人間開発指数へと結実します。**人間開発指数**は、各国の平均余命、教育、所得指数の複合により開発を測り、かつ開発の方向付けをするというものです。そこでは、健康や所得と並んで識字が重視され、手段としての初等教育の普及が重要な開発課題として位置づけられています。

　この初等教育の普及という課題については、これまで4つの小課題に分けて取り組むのが一般的でした。①学校を建設して数を増やすインフラ整備のアプローチ。②教員の数を確保しながら指導能力を上げていく、教育人材確保のアプローチ。③教科書を生徒にいきわたらせ、その内容も充実させて教育効果を挙げる教育用資材調達改善アプローチ。そして④教える内容を系統的に順序だてたカリキュラムを整備し、それに沿った教育が実施されるように指導監督する教育行政官の能力を向上させる、教育行政改善アプローチです。その小課題ごとにプロジェクトが組まれ、また時には連携が図られてきたのですが、普及はなかなか進展しませんでした。

◇ 学校現場を大切にする参加型学校運営改善モデル

　そこで、地域の教育行政官、学校関係者、父兄という教育現場にもっとも近いところで活動している重要な利害関係者三者の協議で、初中等教育をどう改善する

かアイデアを出し、意思決定する新しい試みが導入されました。教育現場の当事者から改善案を求めることで必要な条件整備が進み、連携も弾みがつくはずだという考え方です。住民の意向を大事にしつつ参加型で学校運営を改善する国際協力は、1999年にまずインドネシアで実施され、支援対象地域での就学率は大きく向上しました。

　インドネシアの成果を受けて、この方法は2004年からアフリカの中でも特に所得水準の低い後発開発途上国であるニジェールで、これまで他の援助機関の関与が薄かった州をパイロット州に選んで「みんなの学校プロジェクト」が開始されました。行政−学校−保護者の三者からなる**学校運営委員会**が結成され、保護者の代表は選挙により選出されました。「就学促進キャンペーン」が委員会によって進められ、プロジェクト開始後1年間で、46.8％の就学者増を達成した学校も出てきました。やがてパイロット州の小学校1229校の98％で学校運営委員会が結成され、住民集会で承認された学校活動計画が実施に移されました。その結果、生活に密着した内容を盛り込んだ生産実習活動が新たに誕生しましたが、これは学校と保護者の話し合いから生まれた教科を行政が承認したものです。こうした改革を地域の保護者も高く評価し、学校への信頼向上と就学への理解を深めました。「学校へ行かせることが子どものためにも家のためにもなる」との認識を拡げることに成功したのです。この成功を受けニジェール政府は、隣接州への展開、全国6州への展開を日本の協力で進めたいと要請してきました。

　地方行政、学校、保護者は直接的に教育の現場にかかわっている人々です。その三者を学校運営委員会の適切な運営を通じて基礎教育の改善プロセスに巻き込む方法は、中進国であるインドネシアから始まって、上で述べたニジェールだけでなく、マラウイや南アフリカでも成果を上げることができました。思い起こせば日本でも、明治以降初等教育を普及させるため、地域の寄付を募りつつ校舎建設や教員確保が進められてきました。しかし、学校の運営に地域の声を反映させる目的で自治体に教育委員会が設けられたのは、第二次大戦後の改革のひとつとしてでした。日本では、戦後改革の洗礼を受けてようやく参加型の学校運営のモデルが根付き、国際協力の現場に応用される原型を形成したともいえるでしょう。

　インドネシアをはじめとする途上国の環境の中で効果を発揮し始めたこの**参加型学校運営改善モデル**は、今後も多くの途上国で国際協力の方法としての展開が期待されます。かつては制度を受け入れる側であった日本の経験が、現在は途上国でよ

り役に立つように、試行と工夫が重ねられ、応用展開されているといえるでしょう。

　SDGs の目標 4 は「普遍的初等教育の普及」ですが、これを側面支援するように世界銀行では School Based Management（学校現場に直接資金を流し改善計画を支援する仕組み）を押し進めています。日本の協力が、限られた地域での一時的な成功に終わるのではなく持続的な効果を生み出すためには、相手国自身が学校運営委員会制度の普及に予算をつけ、国の制度として定着させていくことが求められます。国際協力が成功するためには、支援により開発された「成功例」が、受け入れた側の自助努力によって引き継がれていくことが、どうしても必要なのです。そして、引き継がれやすい形を探るため、**「ともに考え、ともに試し」**改善を積み上げていく作業が続けられています。

西アフリカ、ガンビア共和国の子どもたち

プレワーク・スタディ

初等教育の普及について身近な例から理解するために、以下について調べてみましょう。

(1) 日本の初等教育の就学率の推移を明治維新後からたどり、どの年代に 90％を超えたかを Further Steps の「日本の教育経験　途上国の教育開発を考える」を参照して確認しましょう。

(2) 日本では、すべての親は子どもが中学校を修了するまで教育を受けさせる義務があります。義務化に際して、給食の導入や教科書の無償配布が大きく貢献したとする意見があります。これらの施策（昭和 27 年「学校給食法」、昭和 37 年「義務教育諸学校の教科用図書の無償措置に関する法律」）の目的を確認しましょう。

(3) PTA とは何でしょう。沿革、理念を表すキーワードを 5 つ挙げてみましょう。

(4) 教育委員会とは何でしょう。沿革、理念を表すキーワードを 5 つ挙げてみましょう。

グループワーク課題

ワーク1 途上国で子どもが小学校に通うには、子どもだけでなく、親や教師もいろいろな問題を克服しなければなりません。

親

子どもが学校に行くと、農作業の手伝いが減って大変だ。

息子はいいけど娘は無駄かな。どうせ嫁にいくんだから。

お金になることを教わっているって本当なのかな？

隣村では、学校へ行かせようとする役場に村人が火をつけたそうだよ。

子ども

学校っていろいろ教われて楽しいな。トイレは臭いし、教室も雨漏りするけど、友達が増えるのはうれしいもん。

先生はお休みが多くて、すぐに自習になっちゃう。教科書も足りないし、文房具も買えない。稲刈りのときには来させてもらえないかも。試験と重なるけど。

教　員

人手が足りないから、算数も国語も理科も社会も教えなきゃ。準備が大変。

ひとクラスに60人もいるし、うち25人は去年進級できなかった生徒だ。欠席がちだけど、両親が家の手伝い優先だって言うし。

給料も安くて、3つの学校を掛け持ちしないと、生活できないよ。

教材も数が足りないから、板書して生徒に書き写させるしかないよ。

上にあげたつぶやきに加えて、次の人々のつぶやきを考えてください。

（1）小学校の校長

（2）村役場の教育振興の担当者

（3）村の商工会議所リーダー：村で商店を開き、地域の零細企業の取りまとめをしている人

（4）県庁の初等教育振興の担当者

グループワーク課題

ワーク2 イラストのつぶやきとワーク1で考えたつぶやきをもとにして、途上国の初等教育を取り巻く論点を整理するために次の表を完成させてください。

関係者	願望	抱えている問題	今、自分だけでできること	外部支援に期待すること
親				
子ども				
教員				
小学校の校長				
村役場の教育振興の担当者				
村の商工会議所リーダー				
県庁の初等教育振興の担当者				

ワーク3 上の課題で出てきた論点を、下の表に沿ってまとめなおしてください。

	観察された問題	対応を急ぐ問題	援助の対象とする場合の扱い方
インフラ （校舎や教材の整備状況） に関連する問題			
教育にかかわる 人材の質に関連する 問題			
教育内容に関連する 問題			
教育振興を進める 行政の側の問題			
その他			

学校に通えるようになったと喜ぶ子どもたちの写真、みんな目が輝いていますね。私も早く会いに行きたいです。

ちなみに、2014年の人間開発指数のワースト3はニジェール、コンゴ民主共和国、中央アフリカの順だよ。開発最低位国グループはほとんどがアフリカの国だね。

 ワースト1のニジェールで初等教育の就学率が上がったんですね。それってすごいです！

日本は総合で17位だけど2019年には19位に後退。ジェンダー開発指数では2021年には120位に後退。女性の社会進出の遅れが目立っているね（内閣府男女共同参画局）。

 日本も男女格差改善の面ではまだまだ開発の余地があるんですね。これからは女性の活躍が期待されていると思うと嬉しいです。がんばらなくっちゃ！

さすが友子さん。頼もしいなあ。

Further Steps

この章で議論したことをより深く掘り下げるために、以下の文献や資料の内容を確認してみよう。

- JICA国際協力機構『日本の教育経験―途上国の教育開発を考える』東信堂、2005年
- 山内乾史『国際教育協力の社会学』ミネルヴァ書房、2010年
- 小川啓一ほか『国際教育開発の再検討』東信堂、2008年
- 江原裕美『開発と教育―開発協力と子どもたちの未来』新評論、2001年
- 田中治彦『開発教育―持続可能な世界のために』学文社、2008年
- 木村泰子『「みんなの学校」が教えてくれたこと―学び合いと育ち合いを見届けた3290日』小学館、2015年

人間の安全保障　にんげんのあんぜんほしょう　Human Security

　「人間の安全保障」という言葉は、国連開発計画（UNDP）が 1994 年の「人間開発報告書」の中で初めて使いました。人間の生存を脅かすものを脅威と捉え、これに対処することを国際協力の基本姿勢とするように求めたのです。現在もこれを引き継ぎ、人間の安全保障委員会が活発に発言しています。人間の安全保障のためには、国家の安全保障だけでは不十分であり、個々人が「欠乏」や「恐怖」にさらされないように対処することが必要とされています。「個人の生存、生活および尊厳を守るための制度」をつくり、「人間の中枢にある自由」を守り、ゆくゆくは「個々人の潜在力を開花させ意思決定に参画できるようにする」ことを国際協力のテーマとすることを求めています（2003 年 5 月 1 日付け、人間の安全保障委員会事務局報告書）。この章で扱った初等教育の強化は、人間の安全保障強化のための重要な活動です。

万人のための教育世界会議　ばんにんのためのきょういくせかいかいぎ　World Conference on Education for All

　1990 年タイのジョムチェンで、155 カ国の代表、国際的な援助機関、NGO、研究者らが参加し、基礎教育の普及は国および国際社会の義務であること、基礎教育を受けることは人権の 1 つであることを「万人のための教育宣言」として発信しました。基礎教育の範囲に、初等教育だけでなく、幼児教育、識字教育、ノンフォーマル教育なども取り入れ、2000 年までに成人も含めてすべての人が基礎的な教育を受けられる環境をどのように整備するかという「行動枠組み（Framework for Action）」も採択されました。この会議以降、基礎教育重視の国際世論が形成され、国際協力は基礎教育重視の方向に傾いていくこととなりました。

ダカール行動枠組み　ダカールこうどうわくぐみ　Dakar Framework for Action

　世界銀行および国際援助機関の呼びかけで、164 カ国の代表、35 の国際機関、多数の NGOや研究者が 2000 年セネガルのダカールに集まり、基礎教育普及の徹底を求めました。6 つの目標が設定され、「教育機会の男女格差をなくすこと」、「初等教育を 2015 年までにすべての子どもに受けさせること」についてはミレニアム開発目標としても採択されました。また、「生活の改善に役立つ学習内容（life-skill）を盛り込んだ教育をおこなうこと」など教育の質に関連する目標も掲げられています。これは、この章で取り上げたニジェールの「みんなの学校プロジェクト」の進める重要な活動のひとつでもあります。

　この行動枠組みでは、ジョムチェンで採択された行動枠組みの執行が不十分な形で終わったことを反省し、目標の達成に向けた活動の進捗を監視すること、予算措置を確保すること、関係者間の協働態勢（パートナーシップ）を強化することを特に強く求めることとなりました。

識字率の低い途上国　（worldpopulationreview.com）

1. シエラレオーネ	43.21%	2. アフガニスタン	43.02%	3. ベナン	42.36%
4. ブルキナファソ	41.22%	5. マリ	35.47%	6. ニジェール	35.05%
7. 南スーダン	34.52%	8. ギニア	32.00%	9. チャド	22.31%

第 4 章

インフラの整備

暮らしを支える社会と生活の基盤づくり

　私たちの暮らしは様々な施設や制度で支えられています。このような施設や制度を社会基盤あるいはインフラ（インフラストラクチャー）と呼びます。インフラの整備支援は、国際協力においてもきわめて重要視されています。また、インフラ整備の協力は一般に事業規模およびその効果が大きいのも特徴です。

インフラ輸出と聞くと、高速道路とか高層ビルなどの建造物を連想してしまうんですが、実際には通信システムやリサイクルなど先端技術の比重が高いんですね。

技術立国を目指す日本は国の成長戦略の一環として、途上国に新幹線や発電所を売り込むインフラビジネスを積極的に展開しているんだよ。今後は中国という強大なライバルの動向にも注目が集まりそうだね。（インフラビジネスについては第12章を参照）

インフラって夢がありますよね。日本国内でもリニア中央新幹線の建設や大阪・関西万博の開催などが楽しみです。最近は途上国でもインフラ需要が高まっているのでしょうか？

途上国では経済の発展に伴って、発電所や高速鉄道、大型の都市開発など、インフラに対する需要が急速に高まっているんだ。アジア開発銀行（ADB）によると、アジア・太平洋の45カ国で2016年から2030年までのインフラ需要が22.6兆ドル、年間1.5兆ドルを超えるとの見通しを示しているよ。このため、アジアインフラ投資銀行（AIIB）やBRICS銀行など、アジアをはじめとする途上国を対象とした国際開発銀行の設立が大きな注目を集めているんだ。（AIIBとBRICS銀行については第15章を参照）

道路が整備されれば通勤・通学も便利になるし、病院などへも行きやすくなりますね。日本では1964年の東京オリンピック開催にあわせて高速道路網が整備されたことで経済成長が加速したと聞きました。

幹線道路網を整備することは国家や都市の骨格形成ともいえるね。物流の効率化だけじゃなくて、災害時には避難路になるし、支援物資の供給も確保できるから、防災機能を強化することにつながるんだ。

でも、いいことばかりではないですよね。交通量が増えれば、廃棄ガスによる大気汚染とか騒音問題が発生するし、交通事故も増えます。

インフラの種類によっても影響は違うけれど、プロジェクトを計画するにあたっては、いい点と悪い点を調べて、できるだけ望ましい内容になるように努力するんだ。適切な計画づくりは国際協力としても重要な支援なんだよ。

今回はインフラの整備についてです。目に見える構造物が残るので、一見わかりやすい国際協力ですが、「維持管理ができなくて放置されている」「日本の規格で作られているので頑丈だが、現地の規格で作れば同じ予算でもっと多くの人に役に立ったはずだ」などの批判を浴びることも多く、持続的に現地の役に立ち、また相手国の人々がしっかり使いこなすことのできるものを作るには、綿密な調査と準備が求められる非常に奥の深い分野なのです。そもそもインフラとは何か、そこから始めましょう。

◇ インフラとは何か

インフラ（Infrastructure）とは、私たちが社会・経済生活をする際に、これを支える制度や施設のことです。社会資本、社会経済基盤とも呼ばれます。近年、国際協力の分野では、インフラの役割が注目されています。その理由は、途上国における貧困削減のためには持続的な経済成長が不可欠であり、その成長を支える基盤としてインフラ整備の必要性が改めて強く認識されてきたからです。

インフラは、その役割から、経済（産業）インフラと社会インフラとに大別できます。経済インフラとは、道路、鉄道、港湾、空港などの運輸交通、灌漑などの農業施設、電力などエネルギー、情報通信設備などを指します。また社会インフラとは、病院など保健衛生施設、上下水道施設、そして学校などの教育施設も含みます。さらに、物的施設（いわゆる箱物）のみならず、工業所有権制度、規格基準などサービスや政策・制度・組織も産業インフラとして扱われることもあります。現在の情報化された社会では、情報網整備や法制度・システム整備は不可欠であり、幅広く私たちの生活を支えています。身の周りを見渡してみても、たとえば図書館の図書検索システムや貸し出し制度、役所での住民票や税金の管理などは重要なインフラとして公的資金で整備されたものであり、私たちの生活や社会システムときわめて密接な関係にあります。

インフラの整備は、社会的には非常に重要であるにも関わらず収益性が低いため、民間がおこなう投資事業ではなく、公共事業などの公的な投資により整備されることが多いのも特徴です。

◇ 途上国のインフラ整備状況

　途上国ではインフラが未整備なために様々な社会サービスへのアクセスが妨げられて、経済的自立が困難な貧困層の拡大や社会不安の増大を引き起こし、人々の生存を脅かしています。

　下のグラフは途上国におけるインフラの整備状況を先進国と比較したものです。高所得国（39 カ国）における平均値を 100 とし、中所得国（50 カ国）と低所得国（25 カ国）のインフラ整備水準の平均値を示しています。地域によって基準が異なるため標準化して比較するのは難しい場合もありますが、この図を見るかぎり、先進国と途上国のインフラの蓄積量には非常に大きな差が生じており、簡単には解消できそうにありません。

　上下水道といった社会インフラに比べて、電力・運輸などの経済インフラに特に大きな格差が存在しています。さらに、インフラ施設量を貨幣単位に換算して比較すると、その差はさらに明確になり、低所得国と中所得国の一人当たりのインフラ蓄積量は高所得国に比べてそれぞれ 13 分の 1、10 分の 1 の規模となることが確認できます。

　インフラは国や地域の経済的成長を支え、富の再配分を促し、個人の生活の質を高め、その持続的な向上を確保するものです。また、インフラは民間の投資を呼び込む役割も果たしています。基本的に民間投資はインフラの整った地域にお

図　所得グループ別インフラ整備水準

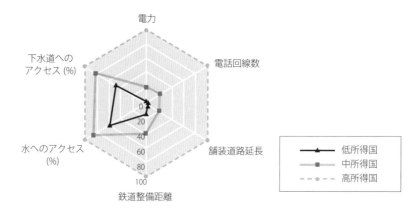

『ひとびとの希望を叶えるインフラへ』JICA、2004 年、P18 より

こなわれます。低所得国であっても、物的インフラに加え、広義のインフラである安定した政治や制度整備などを併せておこなうことができれば、投資環境が整備され、民間投資が促進され、雇用が創出され、生産性が向上することにより経済成長を実現できることとなります。実際に東アジアの多くの国では、この過程を経て経済成長を実現し、ある程度貧困を削減することに成功しています。

　世界銀行の「ミレニアム開発目標の達成：インフラが果たす役割」（2003年）に関する研究によれば、インフラの整備により幼児死亡率が大きく低下する事業効果が確認されています。インフラは人間開発にも資するということです。ところが、前頁の図で確認したように、途上国では基礎的なインフラの蓄積がきわめて不足しており、人的資源や豊かな自然環境などを活かすことができていないのです。その原因は、整備事業を実施する技術力の不足、財源の不足、そしてインフラの整備計画立案能力の不足です。

◇ 途上国におけるインフラ整備の課題

　途上国における技術面の課題としては、まず高速道路やスマートシティを実現化する情報通信施設など最先端のインフラの建設や維持管理のための技術が不足していることがあげられます。実はこういった最先端のものばかりでなく、簡易な井戸掘削や灌漑施設など従来型の技術を用いた小規模なものでも同様です。インフラは現地の地形・地質や自然的な条件に加えて、社会風土や経済規模も配慮して技術や規模を選定する必要があります。そのため、大量生産はできず、つねに単品注文生産となります。施設整備に際しては、詳細な調査（設計）・検討をしたうえで、場所、条件、財源、管理運営方法との適合性を考えて施設の内容・規格・規模を確定しなければなりません。したがって小規模だからといって必ずしも容易に事業化できるというわけではないのです。

　次に財源面の課題です。予算不足がいちばんの理由ですが、途上国とはいえ必要な事業に対しては、しかるべき投資がおこなわれていることから、正確にいえば、投資のための優先度の決定方法に問題があるといえるでしょう（事業優先の決定、プロジェクトの立案方法については第Ⅱ部を参照）。限られた財源で投資をする場合、必然的に経済効果が高い事業への投資が優先される傾向があります。それ自体は間違ってはいませんが、公益性の観点からみても、本当に適切な投資がおこなわ

れているのか、疑問が残る場合があります。たとえば、一部の政治家や地元有力者のみの利益を反映したものになっていないか、あまりにも大都市偏重で地方への支援が後回しになっていないか、教育や医療といった社会インフラの整備がおざなりになっていないか、といった視点が欠けている場合が見受けられます。

最後は整備計画立案能力の課題です。実は、前述したように、財源不足の問題は整備計画の立案能力不足の問題と密接に関係しているのです。今後の国や地域の開発の方向性をふまえて適切なインフラのあり方について考え、妥当性の高いインフラ整備事業を推進することは、途上国においてますます重要になってきています。

◇ 途上国に対するインフラ整備支援

日本は 1954 年から ODA を実施してきましたが、この間、円借款、無償資金協力および技術協力を中心に、道路、港湾、電力施設、水道施設などインフラ整備の支援に焦点をあててきました。これは日本の協力の特徴にもなっています。

近年は日本国内の厳しい経済・財政状況を反映し、ODA 予算は減少し、経済インフラ援助にもその影響が出ています。しかし、インフラ整備の重要性は、貿易や投資を促進させ、持続的な成長を支える起爆剤として、高く評価されています。

日本の ODA が途上国の経済発展の基礎となった経済社会インフラの整備にどれだけ貢献したかを示すデータがあります。たとえばインドのデリー高速輸送システム建設計画（2016 年運行開始）では、1 日当たり平均約 250 万人（ロンドン地下鉄約 300 万人）に利用され、デリー市内で 12 万台の車両削減に貢献するなど、首都の渋滞緩和に貢献しています。また、デリーにおける高速輸送システムの建設及び車両調達にあたって、日本企業の技術「電力回生ブレーキ」を使用することで、2200 万トンの CO_2 削減に貢献しました。さらに、安全性・強靱性の向上に配慮して工事を行うべく、安全帽や安全靴の着用の徹底など、日本の工事現場の安全基準が導入されています。

このほか、台風や地震災害に対する復興支援、フィリピンのミンダナオなどで展開する平和構築支援、アフリカにおけるコミュニティ開発などの場面においてインフラ整備が実施され、大きな貢献を果たしています。このように国際協力の様々な手法の中にインフラ整備が組み込まれ活用されています。

プレワーク・スタディ

(1) 途上国同様に、日本でも明治の開国以降、多くの苦難を克服してインフラ整備を推進してきました。Further Steps で紹介した図書も参考に、さらに詳しく当時の社会情勢、歩み、事業実施による効果や関連する課題について確認してみましょう。

(2) 運輸交通インフラの整備にあたっては、利用者から料金を徴収し、またガソリン代金の一部を特定財源として道路整備資金などに充てています。これらの制度・財源を途上国に適用するとことは可能でしょうか。日本の事例も参考に、もし導入された場合は、どのような経済効果や社会的な影響が見込まれるのか検討してみましょう。

国際協力キーワード

適正技術　てきせいぎじゅつ　Appropriate Technology

　先進国で開発された技術をそのまま途上国に持ち込んでも、本来の効果をあげることができず、技術導入の目的を達成できないことがあります。これは、その技術が前提とする先進国側の環境と、これを受け入れる途上国側の環境との間に差異がある（たとえば気象条件、エネルギー事情、行動様式、産業構造など）ためだと考えられます。途上国の環境と条件が合致した技術のことを適正技術といいます。

プロジェクト・マネジメント　　Project Management

　プロジェクトには7項目で示される共通の構成要素があります（第5章参照）。これらの要素をふまえ、特定の目的のために期限を区切って多くの費用・人員・設備を必要とする大規模な計画を進めるためには専門的な管理活動が必要です。これをプロジェクト・マネジメントと呼びます。時間や資金の制限のもとで、人材や物資を調達し、うまく活用して安定した品質の供給を達成するためには高い管理能力と専門性が要求されます。

タンザニアの歩道を舗装する工事で、
地元労働者を指導する日本人技師
〔写真提供：久野武志／ JICA〕

グループワーク課題

開発途上国の6枚の写真から、インフラの課題点について指摘してください。各課題を改善するためにはどのような対応策を講ずるべきか考察してみましょう。

写真1

写真2

写真3

写真4

写真5

写真6

写真1　ネパール〔写真提供：佐藤浩治／ JICA〕　　写真2、3　フィリピン〔写真提供：大塚雅貴／ JICA〕
写真4　コートジボアール　　写真5　ブルキナファソ〔写真提供：飯塚明夫／ JICA〕　　写真6　アフガニスタン

	インフラに対する課題	期待される対応策
写真1		
写真2		
写真3		
写真4		
写真5		
写真6	・排水状態が悪く、降雨後は道路に水が溢れる。 ・道幅が狭く、歩行区間は屋台で占領されており、歩行する際に危険である。 ・衛生面からも問題がある。	・道路側溝・排水網を整備する。 ・排水用ポンプ施設を設置する。 ・道路の幅を広げる（拡幅）。 ・歩行区間における屋台の使用を規制する 　（都市計画の策定）。 ・定期的に排水路の清掃をおこなう。 ・ゴミ捨て場を整備し、定期的にゴミを回収する。

グループワーク課題

ワーク2　下表は 34 頁の図「所得グループ別インフラ整備水準」に示した 6 つのインフラ施設の特徴と整備の優先度を表すものです。特定の途上国を選び、下記の「電力」の記入例を参考に「インフラの特徴」欄の空白部を記述し、整備すべき順序（優先度）を決めてください。

例）電力（一般的な特徴）

・なくても最低限の生活は可能である。※サブ・サハラアフリカの電化率は 35％程度（JICA 資料）
・電気代を支払える人と支払えない人に対する恩恵（便益）が異なる。
・適用する技術が高度であり、技術指導が必要である。
・発電所と変電所、事務所や住居をつなぐ送電線など一体的な施設整備が必要であり、多額の資金を要する。
・一定の需要量がないと事業の採算が取れない。

インフラの内容	インフラの特徴	優先度
電力		＿番目
電話回線		＿番目
舗装道路		＿番目
鉄道整備		＿番目
水へのアクセス		＿番目
下水道へのアクセス		＿番目

人間が生活するうえでもっとも重要なインフラ施設は何でしょうか。上の表の優先度を決定した理由を踏まえ、経済の発展に応じて途上国が取り組むべきインフラ整備政策のあり方について考察してみましょう。

将来はインフラ整備をとおして国際協力のチャンスがある仕事に就けるといいなと思っているんですけど、JICA や総合商社などに加えて、ほかにオススメはありませんか？

インフラを輸出している民間企業はすべて候補になるよ。たとえば道路や都市開発ならゼネコンや重工業メーカー、プラント建設ならエネルギー業界やプラントエンジニアリング業界で探してみるといろんな企業が見つかるよ。開発プロジェクトの計画策定や事業実施を担当する開発コンサルタントも重要な役割を果たしているよ。

 インフラは地図に残る仕事って感じでやり甲斐ありそうですね。でも私にできるのかな？

いまは女性にできない仕事なんてないと思うけどね。むしろ、従来は男性的なイメージの強かった分野の方が、女性が活躍できる余地があっていいんじゃないのかな。理系が得意なら、脱炭素化に向けた再生エネルギーや通信事業、DX を活用したスタートアップ事業などがこれからの途上国でも期待できるビジネスだろうね。文系なら、優れた技術を持つ国内の中小企業を掘り起こし、途上国のインフラギャップを解決するような事業提案をするマッチアップビジネスなんかは有望じゃないのかな。

 わあ、途上国に関われるインフラの仕事ってたくさんあるんですね。先入観抜きでいろいろ探してみたいと思います。

Further Steps この章で議論したことをより深く掘り下げるために、以下の報告書をネット検索し、その内容を確認してみよう。

- 外務省 HP「質の高いインフラ 日本の取り組み」2021 年
- JICA 研究所「ひとびとの希望を叶えるインフラへ」2004 年

こちらの文献や資料も当たってみよう。
- 加賀隆一他『アジアの官民連携とインフラ・ファイナンス』中央経済社、2022 年
- 徳永達己・武田晋一編著『これからのインフラ開発』弘文堂、2021 年
- 山田順一『インフラ協力の歩み：自助努力支援というメッセージ』シリーズ日本の開発協力史を問いなおす 第 5 巻、東京大学出版会、2021 年
- 渡辺利夫監修、梶原弘和・藤本耕士・河口和範、拓殖大学アジア情報センター編『東アジア長期経済統計 8 巻・インフラストラクチュア』勁草書房、2019 年
- 徳永達己『地方創生の切り札 LBT―アフリカから学ぶまちづくり工法』大空出版、2017 年
- 中村英夫他著・日経コンストラクション編『インフラストラクチャー概論 歴史と最新事例に学ぶこれからの事業の進め方』日経 BP 社、2017 年
- 花岡伸也他『プロジェクトマネジメント入門』朝倉書店、2012 年
- 藤野陽三他『海外インフラ整備プロジェクトの形成』鹿島出版社、2011 年

方法を知る

第Ⅱ部では国際協力の方法について取り上げます。

まずプロジェクトとは何かについて学び、問題解決型の計画手法、参加型計画手法、PLA 手法、政府予算でおこなう国際協力、組織制度づくり、小規模融資について学びます。

最後は新しい主体による最新の国際協力を紹介します。新聞やニュースで取り上げられる内容をしっかり理解するために、ぜひ読み進んでください。

様々な形で実施されている国際協力はどういう手続きを踏んで実施されているのか。私たちの住む日本とは異なる考え方や生活様式の途上国でコミュニケーションをとり合意を形成し課題解決するために、どのような方法が試みられ改善されてきたのかを確認します。

これから皆さんが国際協力の世界にどのように参加していくのか、どんな心構えで臨めばいいのかをつかんでもらえればと思います。

第 5 章

国際協力プロジェクト
とは何か

理想を現実にするために必要なこと

　実際の国際協力はプロジェクトとして計画され、実施されます。みなさんが NGO や NPO でボランティアをする場合も、プロジェクトに参加することになり、2023 年現在、国際協力機構（JICA）では、教育、保健医療、水資源、平和構築など、世界が抱える 20 の課題について、技術協力や資金協力など様々な手法でプロジェクトをおこなっています。

　正樹さんがボランティアをしている NGO って、アジアの農村で現地の人と一緒に井戸を掘っているんですよね。活動資金はどうしているんですか？

おもに支援者たちからの会費で支えられているんだよ。活動を広げるためにはもっと会員を増やす必要があるんだけど、なにかいい方法がないかな。

　そうですねぇ……似たような活動をしている団体がたくさんある中で、正樹さんたちが高い効果をあげていけることを宣伝すればいいんじゃないですか？　ほんとに効果をあげることができれば、ですけど。

疑うとは失礼な。実はその資料はもう作ってあるんだ。ぼくたちのプロジェクトは使う金額以上の効果を産みだすことをちゃんと数字で説明できるんだよ。

　えっ、そんな便利な計算があるんですか？　プロジェクトって規模も実施期間もばらばらだし、国によって物価も違うから、単純に比較できませんよね？

比較するプロジェクトは費用と便益をプロジェクトの開始から施設や設備が使われなくなるまでの期間について 1 年ごとに表にするんだ。資機材や労働力を国際的な基準で換算すれば、プロジェクトの大小や国の違い、そして実施期間の長短にかかわらず 1 円の費用に対してどれだけの便益が出たかが説明できるんだよ。

　ぜひ見せてください。そんなに優秀なプロジェクトなら、私の貴重なバイト代を寄付してもいいですよ！

国際協力の世界ではプロジェクトという言葉を聞かない日はないといってもいいかもしれません。この章では、「プロジェクト」という言葉が意味するところ、そして「良いプロジェクト」であるために必要な条件にはどのような事柄があるのかを考えていきましょう。

◇ プロジェクトの構成要素

　国際協力を実施する主要な手段はプロジェクトです。実施形態は技術協力あるいは資金協力という形を取りますが、プロジェクトには以下の7項目で示される共通の構成要素があります。

① 目的（for what）：何のために実施するのか

② 主体（by whom）：誰が実施するのか

③ 対象（for whom）：誰のために実施するのか

④ 手段（How）：どうやって実施するのか

⑤ 期限（期間）（by when）：いつから実施し、いつまでに終了するのか

⑥ 外部条件（external condition）：目的を達成するために、外部者に求めなければならない条件

⑦ 制約条件（constraints）：気象、地形、天然資源の賦存状況、民族の居住区分など、計画内容に制限をもたらす条件

これらを明らかにしつつプロジェクトが立案されます。

◇ 国際約束

　国際協力としてのプロジェクトでは、二国間あるいは多国間で財・サービスの授受がおこなわれます。その際は、当事者があらかじめ、それぞれがおこなうべき条件を確認し了解しておく必要があり、この了解事項を確認することを**国際約束**と呼びます。国際約束はその内容の重要な順番に、**条約、協定、行政取り決め**に区分されています。条約は国家間の関係を規定するもっとも重要な事項にかかわるもので、国会で審議の上批准され、天皇の認証が必要となります。協定は、財・サービスの授受についての基本的枠組みにかかわるもので、閣議決定が求められます。国際協力の中では技術協力協定、あるいは青年海外協力隊派遣取極協定などがこれにあたります。行政取り決めは、プロジェクトを実施する際の具体的な手段の動員にかかわる事柄を扱うことがほとんどです。金額の大きいもの、たとえば円建てで必要な資金を貸す円借款の供与、あるいは返済を求めない資金を提供する無償資金協力の供与については閣議決定が求められます。一方で金額の小さいもの、たとえば技術研修員の受け入れ、技術協力専門家の派遣、機材の供与、技術協力調査団の派

遣については、外務省でおこなう行政取り決めで処理することができ、閣議決定の対象とはなりません。

　国際協力プロジェクトのほとんどは、行政取り決めの範囲に属する人とモノおよび知識・技術の提供を通じて準備されます。準備が進み、円借款や無償資金協力など大型の投資案件として具体化される際には閣議を経ることになります。しかしこれらが国会で審議され、広く国民の間で議論されるということは、制度上おこなわれてきませんでした。

◇ プロジェクト・サイクル

　プロジェクトを実施するための国際約束が整えられると、プロジェクトを通じてどのような課題を解決するのかを検討することになります。それではプロジェクトはどのように準備され、実施され、そして結果の良し悪しを確認されるのでしょう。世界銀行が1980年代初めに国際協力の世界に広めたプロジェクト・サイクルの考え方に沿って6つの段階に分けて考えてみましょう。

(1) プロジェクトの発掘

　相手国の立てている国家開発計画、地域開発計画、セクター開発計画などの基本計画の中から、協力できるプロジェクトを選択する段階です。ここではプロジェクトはより上位の課題解決のための手段として位置づけられることになります。

(2) プロジェクトの準備

　プロジェクトの準備のために、相手国の技術者とともに必要なデータを収集・分析する技術協力がおこなわれることがあります。そのポイントは、プロジェクトが財務面、経済面、技術面、組織面、社会面そして環境面でそれを実施するに値するか（あるいは大丈夫か）を説明するデータを揃えることです。少し詳しく見てみましょう。

(a) 財務面

　財務面での検討とは、プロジェクトに必要な投資資金とプロジェクトから得られる収益を比較し、その国の金利水準で資金調達をしたとして十分な収益を上げることができるかを確認することです。**財務分析**ではプロジェクトのコストと収益を

「今」の時点での金銭価値に換算したのちに、総収益から総コストの差を求めます。これを**純現在価値**（NPV：Net Present Value）とします。また、一単位あたりの投資コストに対してどれだけの効果が得られるかを算出するために総収益を総コストで割り算します。結果は**収益費用比率**（PCR：Profit-Cost Ratio）と呼ばれます。投資の効率性を収益性で表す**内部収益率**（IRR：Internal Rate of Return）も求めます。これは、純現在価値をゼロにしてしまう金利に相当します。これら3つの指標の値をもとに複数のプロジェクトを吟味し、もっとも適したものを選定します。

（b）経済面

財務面で問題がなければ、経済面の検討に入ります。経済面とは、国の経済全体の立場から見て、そのプロジェクトが富を増やすものかどうかを確認することです。ここでは**経済分析**という手法が用いられます。財務分析で確認された投資計画の中から、もっともコストが低く、富を増やす効果の大きいものを選ぶことが、資金の使い方として効率的です。

経済分析では、コスト計算の根拠となる資機材や労働力の価格についてはその国の市場価格ではなく国際価格で計算しなおします。市場価格は税金や補助金あるいは最低賃金法といった法規制さらには企業の独占状態で決定されるため、これらの要素を取り除いた国際価格（たとえば CIF 価格）でコストを再計算するの

●経済評価の流れ（概要）

ステップ1：財務分析　　① 費用の算定

　　　　　　　　　　　　② 収益の算定

　　　　　　　　　　　　③ 3指標（純現在価値、収益費用比率、財務的内部収益率）
　　　　　　　　　　　　　の算出

ステップ2：経済分析　　① 費用の算定：市場価格から国際価格への変換

　　　　　　　　　　　　② 便益の算定：収益に間接収益を算入

　　　　　　　　　　　　③ 3指標（純現在価値、便益費用比率、経済的内部収益率）
　　　　　　　　　　　　　の算出

ステップ3：指標の吟味とプロジェクトの優先度付け

です。一方で富を増やす効果の中に、雇用創出、地域経済活性化など間接的に生み出される収益を新たに算入します。こうしてできた新しいコストと便益（収益＋間接収益）をもとに、財務分析の際と同様に純現在価値（NPV）、便益費用比率（BCR：Benefit Cost Ratio）、内部収益率（IRR）の３つの指標の値を算出します。財務分析と経済分析の３指標を区別するために、財務分析には財務的（financial）をあらわすＦを指標の前に付ける（たとえば FIRR）、あるいは経済分析には経済的（economic）をあらわすＥを指標の前に付ける（たとえば EIRR）ことがあります。これら指標の内容が優れたものが最終的に選択されますが、経済分析の結果が優先されます。

（c）技術面

技術的に無理な計画ではないか、あるいはより適した技術を選択することが可能かを検討します。

（d）組織面

プロジェクトを担当する実施機関が、その計画を実施できるか、管理できるかを問います。

（e）社会面

プロジェクトが、その影響を受ける地域社会にとって著しく不利な状況をもたらすことはないかを点検します。プロジェクトは投資の効率性だけでは判断を誤る危険性があります。資金の使い方として効率が高くても、プロジェクトの中には多数の人が現在の居住区から立ち退きを迫られるなど、社会的な副作用が大きい場合もあるのです。そこでプロジェクトの対象地域で便益を受ける人、影響をこうむる人を集団に分けて影響を確認する**社会分析**をおこないます。地域の諸集団の経済的特徴、社会的特徴、人口学的特徴を確認し、プロジェクトの中身をどのように調整すれば、地域の人々にとって受け入れやすく、副作用が少なく効果の大きいものにできるかを検討します。社会分析の一手法として、特に社会的弱者である女性に着目して、女性への社会的な圧力（たとえば労働強化）を避けるとともに、女性にも便益がしっかりと届く方法を探る手法があります。これを**ジェンダー分析**と呼びます。プロジェクトが最下層の人々の生活にかかわる度合いが強くなると、このような分析手法が求められることになります。

(f) 環境面

　プロジェクトが環境に深刻なダメージとならないかを問います。大型のプロジェクトでは自然環境への配慮は欠かせません。名所旧跡の多い地区では歴史的な遺産保護への配慮も重要です。受入国が環境配慮ガイドラインを準備している場合は、これを尊重したものであることを確認します。

　これらの複数の観点からのチェック項目を十分な形で満たすプロジェクト提案書を準備することは、海外の国際開発金融機関から資金を借りてプロジェクトを実施する場合は特に重要です。受入国は、できるだけお金をかけずに先進国からの技術協力を受けて知恵と経験を授けてもらい、多くのプロジェクトの準備を進めてきたのです。

(3) プロジェクトの審査

　プロジェクトの審査は、投資に必要な資金を提供する国際開発金融機関（世界銀行やアジア開発銀行など多国間援助機関あるいは先進国の開発金融機関）が実施します。準備されたプロジェクト提案書の内容が正しいかどうかを、プロジェクトの候補地を実際に訪れて確認することが主な作業です。

(4) 融資交渉

　審査の結果、貸付に値すると判断されれば、途上国政府と国際開発金融機関の間でローン契約が結ばれます。両者の果たすべき責任と履行すべき事項が確認されます。

(5) プロジェクトの実施

　借り入れた資金を使って、計画された施設が建設されます。作業が合意した手続きと規則に沿ってスケジュールどおりに進展しているかどうか、その進捗をチェックし、特別な事情がなければ、必要な時期に必要な額の資金が貸し付けられます。

(6) プロジェクトの評価

　施設が完成し操業が始まると、審査時点で想定していたとおりにプロジェクトが効果を出しているかどうかを確認します。想定どおりでない場合はその原因を確認し、将来の類似プロジェクトの準備（および審査）のための教訓を探ります。

◇有償資金協力、無償資金協力そして技術協力のプロジェクト・サイクル

　以上で説明したプロジェクト・サイクルは、国際開発金融機関による有償資金協力を念頭においた解説でした。しかし、現在進められているプロジェクトは、このような大規模な施設建設だけではありません。貸付をおこなわない無償資金協力による施設建設という形態も存在します。また、特定の組織の能力向上、地域社会のリーダー育成、短期の緊急災害復興支援など、多数の小規模な技術協力による支援もおこなわれています。実はこれもプロジェクトと呼ばれています。

　これらに共通するのは、「計画され（Plan）」「実施され（Do）」「評価される（See）」ということです。これを**Plan-Do-See サイクル**と呼びます。下の図は、最初の貸付を念頭に置いたプロジェクト・サイクルと、貸付をおこなわない無償資金協力そして小規模な技術協力のプロジェクト・サイクルとを、Plan-Do-See の共通項で整理してみたものです。規模の違いや形態の違いに関わらず、そして実務用語の細かな使い方に幅はあるにせよ、プロジェクト・サイクルの概念は私たちが実施しようとする多くの活動に適用できるものだということが理解できます。

図　プロジェクト・サイクル

＊有償資金協力のサイクルの一部は無償資金協力、技術協力では省略されるが、大きく区分する Plan-Do-See の考え方は共通

	有償資金協力の例	無償資金協力の例	技術協力の例
Plan	発掘・形成（諸計画との調整）	要請検討	発掘・形成
	実施可能性調査	基本設計調査	事前評価
	審査	審査	
	融資交渉		
Do	建設・実施	入札・調達	実施・進捗管理 実施機関の技術力や組織力の強化、リーダー育成 etc.
	執行監理	施工管理	
	建設完了検査	引き渡し	
See	運用監理	事後措置の必要性確認（必要なら措置）	
	事後評価（効果の検証）	事後評価（効果の検証）	

ウズベキスタン、有償資金協力により日本が支援した鉄橋の一つ。起伏のある荒涼とした大地を、大きく旋回しながら貨物列車が長い車列を引っ張りながら坂を上っていく。
〔写真提供：久野真一／JICA〕

カンボジア、無償資金協力で2015年4月に開通したネアックルン橋（つばさ橋）。主橋梁640m、橋長2215m、取り付け道路を合わせると5400mに及ぶ、メコン川をまたぐ大橋
〔写真提供：久野真一／JICA〕

┌─ プレワーク・スタディ ─

身の回りで実施されているプロジェクトを取り上げて、45頁の「プロジェクトの構成要素」①〜⑦に沿ってその特徴を書き出してみましょう。「（自宅のある）自治体名」と「プロジェクト」の2つのキーワードを入れて検索すれば、ほぼ漏れなく出てきます。

割引計算は複利計算の逆概念

プロジェクトは未来に発生するであろう便益を期待しておこなう投資行為です。投資自体が数年にわたっておこなわれ、便益も道路などの施設建設などは数十年にわたって発生します。いずれも実現するのは未来のことです。また未来といってもその時点はまちまちです。このように異なった時点で発生する費用と便益を比較するには、すべての時点の費用と便益をいったん現在の時点に揃えて換算することが必要です。この現在の時点の金銭価値に換算する行為を「**割り引く**」といい、その計算法を「**割引計算**」といいます。

割引計算は、実は現在の金銭価値から将来の金銭価値を求める複利計算と深い関係があります。複利計算の基本となる式（下図の白い矢印の式）を変換すると割引計算の基本式（黒い矢印の式）が得られます。この式を当てはめれば、未来のどの時点の金銭価値も現在の金銭価値に換算できるので、投資のおこなわれる時期と便益の発生する時期が異なっていても比較ができるのです。また、現在から 5 年間おこなわれる A プロジェクトと 3 年後から 10 年間おこなわれる B プロジェクトを比較することも可能となります。

こうした計算をおこなう経済分析の第一歩でもある財務分析の基礎問題にチャレンジしてみましょう。

図　割引計算とは何か（複利計算の逆概念）

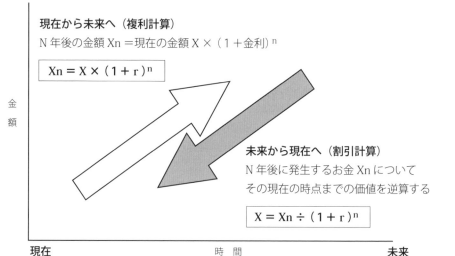

現在から未来へ（複利計算）
N 年後の金額 Xn ＝現在の金額 X ×（1 ＋金利）ⁿ

$$Xn = X \times (1 + r)^n$$

未来から現在へ（割引計算）
N 年後に発生するお金 Xn について
その現在の時点までの価値を逆算する

$$X = Xn \div (1 + r)^n$$

金額

現在　　　　　　　　　時　間　　　　　　　　　未来

割引計算の練習問題：財務分析の基礎概念

ワーク1

いま手元に100万円あります。1年に10%の金利がつくところに預けると3年後には100万円×（1 + 0.1)^{3}で133万1000円になります。これは複利計算です。

その逆を考えてみましょう。将来のお金の価値を現在のお金に換算することを「割り引く」といいます。その割引をする際は割引率が適用されます。3年後の133万1000円を10%の割引率で割り戻すと、現在の価値はいくらになるでしょう。式を作って説明してみましょう。

ワーク2

山間部の少数民族の人たちにもっと動物性蛋白質を取ってもらうために、淡水養殖のプロジェクトが計画されました。農協のメンバーに養殖池で魚を飼ってもらい、それを売って収入を得るプロジェクトです。最初の2年間で池を整備し、500万円ずつ2年間投資します。3年目から7年目までは池の維持に毎年50万円ずつかかるとします。7年目の時点で池をたたみ、他の用途に転用するとします。魚は3年目から7年目まで収穫でき、年ごとに100万円（3年目）、300万円（4年目）、500万円（5年目）、700万円（6年目）、300万円（7年目）の収益が出るとします。これをもとに、割引率10%のときの純現在価値を計算してみてください。

ヒント：下の表のどこかの列を縦に合算する作業が必要です。

年	費用 （百万円）	収益 （百万円）	収益−費用 （百万円）	割引率10%の ときの割引係数	割引後の純収益 （百万円）
1	5.0	0.0	− 5.0	0.9091	− 4.55
2	5.0	0.0	− 5.0	0.8264	− 4.13
3	0.5	1.0	0.5	0.7513	0.38
4	0.5	3.0	2.5	0.6830	1.71
5	0.5	5.0	4.5	0.6209	2.79
6	0.5	7.0	6.5	0.5645	3.67
7	0.5	3.0	2.5	0.5132	1.28

＊割引係数とは前頁の割引計算の式 $X = Xn \div (1 + r)^n$ を $X = Xn / (1 + r)^n$ と転換させ、その中の $1 / (1 + r)^n$ をあらかじめ計算したものです。

グループワーク課題

社会分析：地域社会への影響を考える

日本でも農村の女性は農作業の多くを担っています。家事や育児もこなさなければならず、無理を重ねて健康を損ねてしまうと家族の生活にも支障がでます。女性の農作業を軽減するため、農具はどのように変化してきたでしょうか。

ワーク4 仕事をする女性向けに育児や家事のサービスが提供されています。どのようなサービスがあるのでしょうか。

開発調査　かいはつちょうさ

　政府開発援助の予算により実施される国際協力の形態のひとつで、途上国の開発を計画的に進めていくためにデータ収集、分析、提案をおこなうものです。相手国の開発戦略、分野の開発基本計画、特定地域の開発基本計画など大きく方向性を提案するものをマスタープラン調査と呼び、一つひとつのプロジェクトで想定される費用と便益を比較し、その実施の財務的・技術的・社会的・管理運営的な構成を吟味して最適案を提案するものをフィージビリティー調査と呼びます。

フィージビリティー調査（実施可能性調査）　フィージビリティーちょうさ（じっしかのうせいちょうさ）

　技術協力の中の開発調査という仕事で使われる言葉。途上国の開発支援のために公的投資計画を立てる際に、それにかかるコストと便益を比較し、その国で支配的な市場金利の下でも便益がコストを上回るように投資計画をまとめることです。調査を進める際には、関係者の関心事項を聞き取り、できるだけ多くのニーズに応えるために、複数の技術的な選択肢をたてて比較します。従来は道路、港湾など経済インフラの調査が中心でしたが、現在は、水道、保健、廃棄物処理など社会セクターの調査が拡大しています。

　近年は、提案する内容が受入国にとって無理なものでないことを示すために、調査予算の一部を使って小さい試験的なプロジェクトを実行し、提案の妥当性と有効性を実証する形のものが登場しました。途上国側は投資のリスクを軽減しようとするので、実証型の調査を高く評価しています。

Plan-Do-See がわかるとプロジェクトの内容が深く理解できますね。さっそく興味のある ODA のプロジェクトをチェックしてみます。

プロジェクトを評価するときに大切なのは損益だけじゃないんだよ。たとえば、ぼくたちが進めている清潔な飲料水の供給は、多くの人の生活改善につながる公益性の高いものでしょ。そういうプロジェクトだと、国際援助機関の金利に相当する 10% 程度の収益率があれば、会員の人たちは納得してくれるんだ。もともと利潤追求が目的じゃないからね。

なるほど。逆にプロジェクトが社会的に不利な立場の人をさらに追い込んだり、環境を破壊したりしているということもたまに報道されますよね。

それは事前の調査と準備不足が原因だね。ぼくたちは必ず事前に、ひどい不利益をこうむる人が出ないかをチェックするよ。これを社会分析っていうんだ。ジェンダー分析と同様に、女性の利益には特に気を使うね。あと、環境配慮っていうのも大事だよ。

誰も犠牲にせずに社会全体の利益になるように、いろんなチェックポイントから調べる必要があるんですね。

うん。なにごとも準備が 9 割っていうじゃない。そういえば試験の準備は大丈夫かな？

うわあ、それを言われるとキツイです。

Further Steps

この章で議論したことをより深く掘り下げるために、以下の報告書をネット検索し、その内容を確認してみよう。

・JICA 国際協力機構「開発調査における経済評価手法研究」2002 年
・橋本強司『開発調査というしかけ』創成社、2008 年

第 6 章

ロジカル・フレームワーク手法

援助の中身を伝えるために

　前章では、プロジェクトの経済的な効率性を分析する経済分析、社会的な妥当性を分析する社会分析について述べました。これらは、上位の開発計画（たとえば国家開発計画、地域開発計画あるいはセクター開発計画）で設定した特定の目的を達成するための具体的な手段として提案された複数のプロジェクトについて、経済的そして社会的な基準に照らして望ましいものを選ぶ方法でした。しかし、上位の開発計画から発想するプロジェクトのほかに、地域社会で身近に発生する問題を住民とともに解決していくために組むプロジェクトもあります。

 経済分析や社会分析を使ってプロジェクトの効果を評価する方法についてはわかりました。ところで、プロジェクトの内容をもっと簡単に伝える方法ってありますか？

あるよ。ロジカル・フレームワーク手法といって、1960 年代にアメリカで開発されて以来、半世紀にわたって使われているんだ。

 へえ、そんな便利なものがあるんですか。どんな方法ですか？

まず扱うべき問題を決め、その解決を図ることを軸に情報をまとめていく点が特徴だね。問題点を書き出して、どうやったら解決するか、また計画が実現したらどんな効果が期待できるかがひとつのストーリーとして目に見える形に整理されるんだ。

 ストーリーというのはいいですね。数字で説明されるよりもわかりやすいですし、夢がもてる感じで。

加えて、そのストーリーを実現するために必要な様々な条件も併せて示してくれる、優れものの方法だよ。

ロジカル・フレームワーク手法は、プロジェクトとは何かをわかりやすく説明するために開発された手法で、プロジェクト論の原点をなす手法のひとつです。この手法は 1960 年代の終わりに米国の国際開発庁で議員の支持を取り付けるために開発され、専門知識のない人にも「狙い」と「効果」をわかりやすく説明することができるため、現在でもプロジェクトの立案手法として使われ続けています。

❖ ロジカル・フレームワーク手法

　ロジカル・フレームワーク手法では、課題を見つけ出し、その課題を解決することをプロジェクト目標とします。課題解決のためにプロジェクトとして達成すべき事柄をプロジェクトが想定する成果として列挙します。またその成果を挙げるために必要な人、モノ、資金、技術を投入とします。一方で課題解決によって得られる効果をプロジェクトの上位目標として設定します。

　上に上げた4つの事項（投入－成果－プロジェクト目標－上位目標）は最初の事項が次に来る事項と「手段－目的」の関係をなしていると想定されています。すなわち、投入を手段として成果が達成され、達成された成果が（今度は手段となって）プロジェクト目標の達成につながり、プロジェクト目標が達成されることで上位目標が達成できるという具合です。この「手段－目的」の連鎖は計画者が想定するプロジェクトのストーリーです。「こうすればこうなる、そうするとこのような課題が解決できる、ひいてはより広い課題解決にもつながる」という課題解決のシナリオです。

❖ プロジェクトのストーリーを描く

　例を挙げましょう。大河のそばの農村であるにもかかわらず、灌漑施設がないために食糧が不足している村があるとします。そこで、「投入」として、灌漑施設建設のための資金、資材、労働力、加えて生産性の高い種子、それを育てるために必要な肥料と農薬、最後にこれらをうまく使うための技術指導をしてくれる技術者、技術者が実施する講習会を開くための予算と教材および場所、これらを調達します（**投入**）。

　これにより、灌漑施設が完成し、単位面積当たりの収穫量の高い品種を地域の農民が栽培できるようになります（**成果**）。

　それが安定的に継続して実現できるようになれば、村全体の収穫の増大が確保されます（**プロジェクト目標**）。数年にわたり収穫の増大が継続すれば地域の農民の収入が増大し、かつ食糧の確保と栄養の改善、衛生状態の改善、教育の普及などの効果が現れ、地域の社会的な開発が進みます（**上位目標**）。

◇ 外部条件を確認する

このストーリーが実際に実現するためには、プロジェクトを取り巻く条件が整っているかを確認することが必要です。プロジェクトの成否に重要な影響を与えるけれど、プロジェクト自体が取り組む事柄ではない条件です。そこで、プロジェクトの計画に当たっては、プロジェクトを取り巻く様々な状況を確認します。これを**外部条件の確認**と呼びます。

外部条件にはどのようなことが考えられるでしょう。わかりやすくするために先ほどの例に戻ります。まず、灌漑施設建設に必要な資金、資材、労働力の調達。種子、肥料、農薬の調達。技術者の確保と講習会の実施。教材の調達と開催場所の確保。これらが滞りなく予定期日までに完了しなければなりません。特に海外から調達する資材や人員は、税関での事務手続きや派遣手続きなど、プロジェクトの外側の組織の協力が円滑に進むことが必要な外部条件となります（投入レベルの外部条件）。次に灌漑施設が完成し、農民が新しい栽培技術をマスターした後のことを考えてみましょう。水の供給と、高収量品種の確保が安定して得られることが必要です。それには、灌漑施設の維持管理を地域の農民が積極的に進めること、水の配分をめぐり争いが起こらないこと、高収量品種の調達を担う種苗会社が契約を守り値段を吊り上げないこと、肥料農薬の値段が上がらないといったことが必要です（成果レベルの外部条件）。

最後に、収穫が増大した後のことも大事です。収穫が増大しても、穀物の値段が下がってしまうと、農民の収入は増えません。価格が下がらないことが必要です（プロジェクト目標レベルの外部条件）。収入の増加、経済社会開発が実現するには時間がかかります。穀物輸入自由化など、農業生産に不利な政策が取られないことが、穀物の価格低下を防止するには必要です。したがって農村重視の穀物価格維持政策が維持されることが重要な外部条件になってきます（上位目標レベルの外部条件）。

ロジカル・フレームワークを作る際には、表を作って整理するとわかりやすくなります（60頁の表「ロジカル・フレームワーク概念」参照）。外部条件はプロジェクトの投入と投入レベルに沿った外部条件を同じ行に書き込みます。成果レベル、プロジェクト目標レベル、上位目標レベルの外部条件についても同様の要領で記入し、おのおのの外部条件はプロジェクトのストーリーが展開するどの段階で確保されなければならないかを、わかりやすく確認できるようになっています。

なお事例では右下に初期条件欄を設けています。これはそもそもこういった条件が満たされていなければプロジェクトそのものが成り立たない事項を特に独立させて描いたものです。「灌漑施設建設への反対が起こらない」「農業用水の料金徴収規則を利用者が受け入れる」ということは、プロジェクト着手前に確保されていなければならないのです。

事例：灌漑施設建設と高収量品種の導入による穀物増産プロジェクトのロジカル・フレームワーク

プロジェクトの概要	指　標	指標確認手段	外部条件
上位目標 ―農民の収入増 ―地域の経済社会開発（栄養、衛生、教育）	―家計所得が 2030 年から 2045 年までに 300 ドルから 500 ドルに増加	―対象地域の家計調査（2030 年、2045 年）	―穀物の価格維持政策が変わらない
プロジェクト目標 ―穀物の収穫増大	―稲の収量が 2030 年から 2045 年に 2 トン/ha から 3 トン/ha に増大	―対象地域のサンプル調査（2030 年、2040 年、2045 年）	―穀物の値段が下がらない
成果 1．灌漑施設完成 2．地域の農民が高収量品種を栽培できる技能をマスター	―2030 年までに灌漑農地面積が 500 ヘクタール増加する。 ―5 人の稲作普及員が新たに配属され、対象 10 地域の農民組合で隔月講習会が定期開催される。 ―新種子が農地の 50% で使われる	―A 県農地整備局業務年次報告書 ―A 県農業普及局業務年次報告書	―利用者による灌漑施設の維持管理がなされる ―水の配分をめぐり争いが起こらない ―高収量品種の値段があがらない ―肥料、農薬の値段があがらない ―自然災害が起こらない
投入 1-1 灌漑施設建設資金、資材、労働力 2-1 高収量種子、肥料と農薬 2-2 栽培指導の技術者 2-3 講習会のための教材および開催予算・場所	―灌漑施設建設資金 10 億円 　うち資材費支出状況 　うち人件費支出状況 ―高収量種子調達状況 ―肥料調達状況 ―農薬調達状況 ―栽培指導教材調達状況 ―講習会開催実施状況	―A 県農地整備局業務月次報告書 ―A 県農業普及局業務月次報告書	―海外から資材や人員を調達する際に、税関事務手続きや派遣手続きなどが円滑に進む **初期条件** ―河川水取水の灌漑道建設についての補償条件に、施設建設予定地の住民が反対しない ―農業用水の料金徴収規則を利用者が受け入れる

◇ 指標をふってストーリーをわかりやすく

　プロジェクトの概要と外部条件が決まれば、あとはこれを数的な指標で表現することになります。そのほうが、計画の内容をより具体的に表現できます。またあらかじめ指標に関連したデータをどこで得るのかを検討しておくことで、プロジェクトの進捗を管理する作業が簡単になります。加えて評価の際にも、評価項目ごとにどの指標のデータに着目すべきかがはっきりとしているので、議論をわかりやすいものにできます。プロジェクトの**透明性**をあげる上でも、ロジカル・フレームワークを使ってプロジェクトの内容を整理することが求められてきたのです。

表　ロジカル・フレームワーク概念
（第7章のプロジェクト・デザイン・マトリクスのオリジナルモデル）

プロジェクトの概要	指　標	確認手段	外部条件
上位目標			
プロジェクト目標			
成　果			
投　入			

　上の表「ロジカル・フレームワーク概念」を第三者に説明できるようにしてください。ロジカル・フレームワーク手法の要点をまとめておきましょう。

・プロジェクトの内容をわかりやすく説明する道具として、ロジカル・フレームワークという方法が開発された。

・4行4列の表にプロジェクトの内容、外部条件、目指すべき変化の達成を測る指標、データの入手手段が記載され、1枚の表で主要な事項が俯瞰できる。

・プロジェクト・フレームワークはプロジェクトを計画する段階から、実施、評価の段階まで一貫して使われてきた。この表を使うことで、外部の人がプロジェクトの内容を理解しやすくなり、国際協力活動の透明性を上げる手法として、より広く使用されることが期待されている。

ミャンマー、農民参加による優良種子増殖普及システム確立計画プロジェクト。灌漑水路が整い、農民は総出で田植えに参加している。
〔写真提供：久野真一／ JICA〕

エジプト、ナイルデルタ水管理改善計画プロジェクト（農民水利組織の能力向上）。上流に住む住民が少しでも多くの水を得ようと、取り決めに反して水路に穴をあけたりしている。日本人専門家が付き添う中、灌漑流域の住民代表の話し合いが続いた。専門家は住民の自主性に任せて、忍耐強く議論を見守る。
〔写真提供：久野真一／ JICA〕

プレワーク・スタディ

ロジカル・フレームワークについて、身近な事例から理解するために、みなさんが属しているサークルやクラブ活動の例で考えてみましょう。「メンバーがなかなか決まった時間に集まれない」という問題を解決するために、必要な「投入−成果−目標−効果」のストーリーを整理してみましょう。

(1)「メンバーが決まった時間に集まることができる」ということを「目標」として設定し、そのために必要な手段を「成果」として書き出してみましょう。たとえば「アルバイトの時間をできるだけ揃える」などです。必要な手段を複数考えましょう。

(2) 考えた「成果」の実現に必要な「投入」を書き出してみましょう。たとえば、「会場の半年間のブロック予約」などです。

(3)「投入」「成果」「目標」それぞれについて、達成を確保するために必要な条件を「外部条件」として書き出しましょう。

(4) メンバーが決まった時間に集まれるようになったら可能になることを、「効果」として書き出しましょう。

(5) 確認した事項をロジカル・フレームワークの表に記入しましょう。

ロジカル・フレームワークの概念表を使ってプロジェクトを説明しよう

貧困の原因となる様々な問題の中から、解決できそうな部分を取り上げて事態を改善するために開発プロジェクトが組まれるんだね。

必要な資源（人、モノ、資金、ノウハウ）、達成すべき成果、目標として目指す改善、改善の効果を、下から上に「手段一目的」のストーリーで案件概要として表すわけだ。

プロジェクトだけでは動かせない部分は、外部条件として整理するんだ。自分で対応できなければ、他の主体に条件を整えてくれるよう働きかけもできるぞ。

プロジェクトの概要	指　標	確認手段	外部条件
上位目標			
プロジェクト目標			
成　果			
投　入			

指標を確認するためのデータをどうやって手に入れるかまで決めておくんだ。客観性を強調しているわけか。

プロジェクトのストーリーに沿って想定した変化を、数量で把握できるように指標をふっているんだ。これなら初めてこの表を見る人でもすぐ理解できるな。

でもこれ、外部の人だけで考えていて大丈夫なんだろうか。

ワーク1　ロジカル・フレームワークは 1960 年代末に出てきた米国発のプロジェクトの計画ツールです。難しい議論を、手段と目的を 3 つ連鎖させるという単純なモデルに置き換えたもので、今でもプロジェクトとは何かを語るときにもっともわかりやすい表現方法として使われています。このモデルのいいところを考えて、つぶやきを書き加えてください。

ワーク2　一方で、様々な反省も生まれています。どのような点が批判されているのか、少し調べるだけでも多くのつぶやきが聞こえてきます。調べて代表的なものを書き加えてください。

ワーク3　左のつぶやきを下の表に整理してみましょう。

ロジカル・フレームワークによる開発プロジェクト作り	内容を伝達するコミュニケーション手段として	他のプロジェクト、より上位のプロジェクトとの連携ツールとして	プロジェクトを管理するマネジメント手段として	その他（例：評価のツールとしてなど）
その長所は何でしょう？				
その短所は何でしょう？				

プロジェクトの内容が1枚の表で説明できるなんてすごいです。しかもわかりやすいですね。

たしかにぼくたちにはわかりやすいよね。でも、途上国にはこういう表を解読するのが苦手な人もまだたくさんいるんだ。だからしっかり口頭で説明し、意見交換して、納得してもらう必要があるよね。

そうか、開発の専門家にとっては問題点が整理された便利な表でも、当事者から見ると冷たい印象を受けるかも。援助する側の目線っていう感じがしちゃいますよね。

そのとおり。対象地域の人たちにとっては、自分たちの生活が大きく変わるプロジェクトなんだから、完成形として見せられるんじゃなく、計画づくりから参加したいのが当然だよね。

表はあくまでツールであって、コミュニケーションを通しての信頼関係が大事なんですね。

この章で議論したことをより深く掘り下げるために、以下の報告書をネット検索し、その内容を確認してみよう。

・アーユス『国際協力プロジェクト評価』国際開発ジャーナル社、2003年

国際協力キーワード

評価5項目　ひょうかごこうもく

　国際協力で実施されるプロジェクトを評価し、そこから教訓を得ることができれば、次にプロジェクトを計画する際に役立ちます。各国の援助機関が、できるだけ共通の手法を使って評価すれば教訓を共有できます。そこで、開発援助委員会（DAC：Development Assistance Committee）では5項目を使う手法を開発し、その適用を各国ドナーに勧めています。この5項目とは、「目標達成度（effectiveness）」、「効果（impact）」、「効率（efficiency）」、「妥当性（relevance）」、「自立発展性（sustainability）」をさしますが、5項目をきちんと適用するためには、プロジェクトの全体像を、この章で取り上げたロジカル・フレームワークで整理しておくことが役立ちます。

パプアニューギニアで農民とともに畑に潜む害虫を探す青年海外協力隊員。
〔写真提供：今村健志朗／JICA〕

ルワンダ、無償資金協力によるルスモ国際橋の工事現場。国境手続き円滑化のための施設と道路建設準備。
〔写真提供：久野武志／JICA〕

ベトナム、ハノイ市郊外、有償資金協力で建設中（2013年撮影時）のニャッタン橋（日越友好橋）
〔写真提供：高橋智史／JICA〕

PCM 手法

視覚で理解と合意を得る参加型手法

　前章で学んだロジカル・フレームワークに基づいた援助には、大きな課題がありました。外部者だけで作ったプロジェクトが終了後に放置されてしまい、住民にうまく引き継がれないというケースが続出したのです。そこで、プロジェクトの作成過程に現地の利害関係者を参加させるべきだとして誕生したのが PCM 手法です。

 計画段階から地域の人に参加してもらったほうがいいことはたくさんありますよね。井戸をつくる場合は、工事の際に労働力を提供してもらえばコストが下がるし、できたときに愛着が湧くんじゃないでしょうか。

うん。たしかにそのほうが完成後の維持管理もうまくいくし、水の使い方のルール決めなども住民の納得を得られやすいんだ。

 でも実際にプロジェクトをうまく進めるのは難しそうですね。どうやって話し合いに参加してもらうんですか？

カードを使うんだよ。1980 年代の初めにドイツの技術協力公社が開発した手法で、利害関係者を一堂に集めてそれぞれのアイデアをカードに書いてもらい、それを並べなおしながら全員でロジカル・フレームワークを作っていくんだ。

 なんだか楽しそう。みんなでワイワイ言いながらやってみたくなりますね。

そうだよね。参加型計画手法とも呼ばれていて、今でも国際機関や大手 NGO では広く採用されているよ。それぞれの機関で少しずつ違いはあるけれど、基本的にはみんなドイツの手法を踏襲しているんだ。

今回のテーマは、プロジェクトで計画を立てるときに、対象地域の人々の意見をまとめながら、計画づくりと合意形成を同時進行させる方法についてです。PCM 手法と呼ばれるこの方法は、計画づくりの主体を専門家の手から対象地域の人々の手に譲り渡そうという、画期的な手法でした。PCM はドイツで生まれ、北欧、国連機関や大手 NGO へと広がり、1990 年代には日本の援助機関や NGO でも採用されました。現在では援助に携わる関係者の必修科目にまでなっています。意外なところでは経団連がこの手法に着目し企業内での意思疎通の改善と問題解決のための手法として活用したこともあります。本章では PCM 手法とは何か、前章のロジカル・フレームワーク手法とはどこが違うのかについて学びます。

◇ PCM 手法

ロジカル・フレームワーク手法をさらに発展させて誕生したのが PCM（Project Cycle Management）手法です。ロジカル・フレームワークを作るプロセスをプロジェクト対象の地域社会の人々に公開し、ワークショップにも出席してもらい、一緒にロジカル・フレームワークを完成させていきます。地域の生活にかかわる重要な事項について住民が理解し合意して決めることができるよう、最終的にロジカル・フレームワークを作成する前に下の4つのステップの分析ワークショップが加えられました。

(1) 参加者分析

プロジェクトの対象となる地域社会の社会集団を確認し、外部支援から利益を得るグループ、不利益を被るグループ、課題解決プロジェクトを実行できるグループ、意思決定できるグループ、費用を負担できるグループに分類し、地域社会の諸集団の相互関係を把握します（参加者分析）。プロジェクトを実行できるグループが決まったら、その特徴、問題、ニーズ、潜在力、プロジェクトで取り組むべき事項について、アイデアを整理し、どの課題を解決するかを絞り込みます（詳細参加者分析）。

(2) 問題分析

扱うべき課題の背景に潜む問題を洗い出し、「原因－結果」のロジックで系統的に整理し、問題の構造系図を作成し、問題認識を共有します。

(3) 目的分析

問題を解決する手段を、「手段－目的」のロジックで連鎖させて系統的に整理し、構造系図を作成します。問題解決に至る複数のアプローチの存在について認識を共有します。

(4) 代替案分析→プロジェクトの選択

目的分析で確認した問題解決のための複数のアプローチについて、仮にそれを選択した際のコスト、技術的な困難、社会的な副作用、問題解決につながる度合

いなど複数の視点から比較し、合理的で実現可能性の高いアプローチを選択します。

　これら4つの分析を進める過程で、地域の人々と話し合いを重ね、プロジェクトの内容に理解を深めてもらいます。カードを使って議論の内容を視覚的に整理し、「誰が利益を得て、誰が不利益を被るのか」「問題点は何か、その背景は何か」「問題解決の具体策は何か」「もっとも適した解決方法はどれで、なぜもっとも適しているといえるのか」について地域の人々の合意形成を図ります。理想的には、地域の人々が「自分たちのアイデアでプロジェクトを作った」と思えるような形で合意を形成することをめざします。その上でロジカル・フレームワークの作成作業に入るのがPCM手法です。現在この手法は、地域の人々の理解を得つつ参加型で計画立案をおこなうときの、典型的な計画手法となっています。

◇ コミュニティ開発を PCM 手法で

　具体的に事例を挙げてみましょう。

　拓殖大学は、国際協力機構（JICA）の資金支援を得て、インドネシアの首都ジャカルタで、家具作りに従事する人々の多く住むB村の支援を2004年から3年間実施し、現在もその活動の一部を継続しています。このプロジェクトの計画を立てる際に、地域内11の地区の自治会長、そしてこれを束ねる連合自治会長と協議しつつその内容を決めていきました。家具が売れない、家具職人の後継ぎがいない、収入が増えない、高校を卒業しても就職できず失業する若者が多い、薬物の若者への影響が心配な状況になっている、など自治会リーダーの抱える悩みを、現地の姉妹校の大学と連携して、その解決に向けてプロジェクトを立ち上げることになりました。そこで使われたのがPCM手法です。

◇ 参加者分析

　参加者分析では、まずプロジェクトに関係する人々の確認がおこなわれました。このプロジェクトで利益を得る人は、家具職人（青年および壮年層）、中学および高校に通う少年層、顧客層でした。不利益を被るのは高利資金の提供者、資材納入業者でした。プロジェクトを実施できるのは連合自治会そして現地姉妹校。活

動内容を選択できるのは連合自治会と区役所。費用を負担できるのは国際協力機構、拓殖大学、現地姉妹校となりました。この分析の目的は、プロジェクトの現場でかかわってくるグループを知り、その相互関係を知り、プロジェクトに作用している「力」を把握して対象地域社会を理解することでした（下表参照）。

　次は、プロジェクトを実施する能力のあるグループの分析です。ここでは、連合自治会の集団としての特徴、直面する問題、求める利益、潜在的な可能性、プロジェクトで取り上げる活動へのかかわりを確認しました。外部者が持ち込む資金、サービス、ノウハウを活かす受容能力があるかないかを確認したのです。

表　参加者分析の事例（B村の家具職人支援活動の関係者の書き出し）

利益を得る人 （受益者）	不利益を被る人	プロジェクトを実行 できる人（実施者）	意思決定できる人 （決定者）	費用負担者
家具職人 （青年および壮年層）	高利資金の提供者	連合自治会	連合自治会	支援団体 （国際協力機構、拓殖大学、姉妹校）
中学および高校に 通う少年層	資材納入業者	現地姉妹校	A地区区役所	
顧客層				

◇ 問題分析

　次に**問題分析**です。地域が直面する「家具が売れない」、「家具職人の後継ぎがいない」、「収入が増えない」、「高校を卒業しても就職できず失業する若者が多い」、「薬物の若者への影響が心配」の中から、地域のリーダーがもっとも関心がある課題、支援する側でも貢献しやすい課題を取り上げ、その背景を探りました。事例のプロジェクトでは下図にあるように「家具が売れない」が取り上げられました。取り上げた問題は中心問題と呼ばれますが、中心問題の背景にある、より根の深い問題、中心問題が解決されないことが引き起こす結果を図で表すことによって、「問題の構造」を理解し共有したのです。

図　問題分析系図の事例（B 村の家具職人が直面している問題）

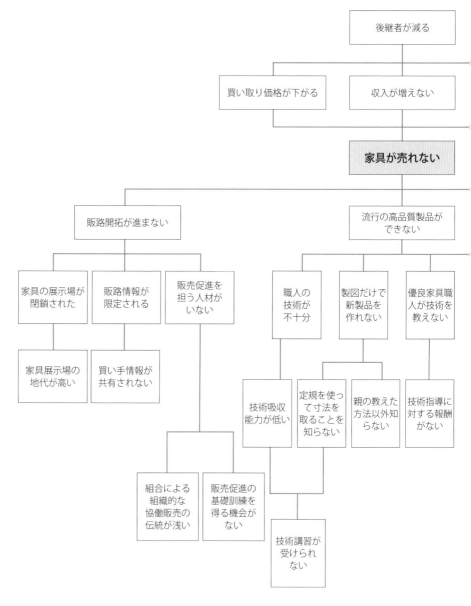

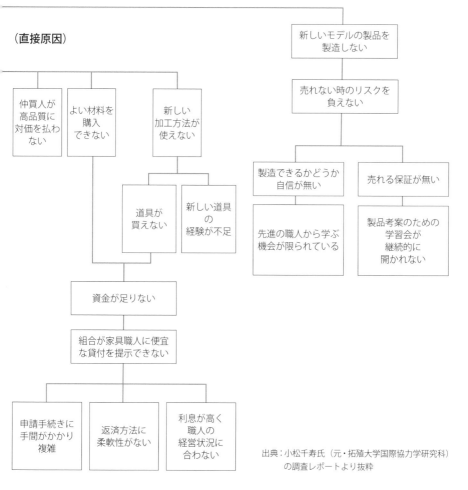

他の職業選択に向かう　（直接結果）

（中心問題）

（直接原因）

新しいモデルの製品を
製造しない

売れない時のリスクを
負えない

仲買人が
高品質に
対価を払わ
ない

よい材料を
購入
できない

新しい
加工方法が
使えない

製造できるかどうか
自信が無い

売れる保証が無い

道具が
買えない

新しい道具
の
経験が不足

先進の職人から学ぶ
機会が限られている

製品考案のための
学習会が
継続的に
開かれない

資金が足りない

組合が家具職人に便宜
な貸付を提示できない

申請手続きに
手間がかかり
複雑

返済方法に
柔軟性がない

利息が高く
職人の
経営状況に
合わない

出典：小松千寿氏（元・拓殖大学国際協力学研究科）
の調査レポートより抜粋

◇ 目的分析

　続く**目的分析**では、問題解決に向け何ができるか、構造図を使って整理します。上述の問題分析系図を出発点に、「手段−目的」の系図を作成し、さらに考えうる手段を補足して完成させました。その中から目的の達成につながる複数のアプローチを取り出し（**アプローチの確認**）、各々に必要なコストや技術的要件および反対意見を勘案して無理のない、そしてもっとも問題解決の可能性の高い手段群を選び取るのが**プロジェクト選択**という作業です。選んだ結果は、前章で取り上げたマトリクス（60頁）に整理しました（**プロジェクト・デザイン・マトリクス作成**）。

　カードを使って、プロジェクトの内容を視覚的に確認しながら決めていくことにより、対象地域の関係者が納得するようにつとめる。実はこれがこの手法の一番大事にしている点でした。

PCM 手法の要点をまとめておきましょう。

・カードを使うことで、問題の分析が視覚的になる。その場にいる人が理解しやすく、また同時に議論に参加しやすくなる。

・いったん視覚化すると、問題の解決に向けての解決策の洗い出し、各解決策の比較についての視覚的な処理が可能となり、議論の展開が参加者の理解の深まりと同期して進めることが可能となる。

・関係者が納得して作り上げた計画は、それを遂行しようとする力が集まり、またそれを継続させようとする持続力も備えたものになる可能性が高くなる。

プレワーク・スタディ

参加型問題解決手法を理解するために以下の図を作成してみてください。

（1）70-71 頁の問題分析系図の事例の各カードの表現は、問題を描写するネガティブな表現で作成されています。各カードの表現をポジティブな表現に直してみましょう。

（2）作成した図の中で各カードの関係が、下から上に「手段→目的」の関係に転換していることを確認してください。

（3）表の中の（中心問題）を（中心目的）に、（直接原因）を（直接手段）に、そして（直接結果）を（直接目的）に書き換えてください。

（4）出来上がった表を見て、問題解決のための手段が浮かび上がっているかどうか確認してください。

まとめのワーク：PCM の流れをたどろう（左下からスタート）

> 最後に、どうやって
> 活動を展開するかを
> 決める。

活動計画表 ― モニタリング
誰が、何を、いつまでに、どのように

> 5番目のステップはプロジェクト
> を表に表す。第6章のロジカル・
> フレームワークと違い、プロジェ
> クトの影響を受ける人の意見も入
> れているから安心。

**プロジェクト・デザイン・
マトリクス作成**
プロジェクトの基本要素を一覧で表示

> 4番目のステップは今現在
> もっとも可能性の高い問題解
> 決アプローチの確認と最有力
> 案選択。

アプローチの確認 →プロジェクトの選択
コスト、技術的難易度、社会的リスク、
達成可能性などの基準でアプローチを
比較し最適案を選択

> 3番目のステップ
> は問題を解消す
> るための手段の確認。

アプローチの抽出

> 一覧表にすると
> 議論がよく見える。

目的分析系図
「手段－目的」の連鎖

> 下から上に
> 「手段－目的」。

問題分析系図
「原因－結果」の連鎖

> 次に問題を掘り下げて原因を
> 順番に、具体的に確認する。
> 今あるカードの下に新しい
> カードを置いて原因を表す。

参加者分析
詳細参加者分析

> まず、問題を取り巻く関係者を洗
> い出して、どのような力が働いて
> いるかを理解する。このあとはカー
> ドを使ってアイデアを見せる。

START

ワーク1　前頁のイラストは、PCM 手法の流れを下から上に説明しています。各々のステップを示す枠の中に、各ステップをうまく表すイメージを考えてみてください。ヒント：たとえば「原因－結果」の連鎖を表すのは、樹形図すなわち木です。

(1) 参加者分析を表すイメージは？

(2) 問題分析を表すイメージは？

(3) 目的分析を表すイメージは？

(4) 代替案分析を表すイメージは？

(5) プロジェクト・デザイン・マトリクスを表すイメージは？（ロジカル・フレームワークとほぼ同じ）

(6) 最後に活動計画表のイメージは？

ワーク2　前に出てきたロジカル・フレームワークと PCM の「似ているところ」と「異なるところ」は何でしょう。表に整理してみましょう。

	ロジカル・フレームワーク	PCM
作成過程でかかわる関係者の広さ		
対象となる問題の背景をなす社会的な力の分析		
対象としている問題と関連している問題との関連を示す力		
様々な手段を広く検討する幅の広さ		
様々な手段から特定の手段を選択する過程の透明性		
実施に至る具体的なステップの説明能力		
その他（例：字の読めない人への対応など社会的弱者の参加）		

ワーク3　この章で上げた問題分析系図の事例を手がかりに目的分析系図を作成
してみましょう。プレワーク・スタディ（1）で作った図にあるカード
以外で、手段として考えられるカードを考案し、加えてください。

ワーク4　PCM手法ではカードにアイデアを書き、それを台紙の上に並べて、そ
こにいる人たちに示します。それでは、字の書けない人と一緒に計画
を立てるにはどうしたらよいでしょうか？

PCM が優秀な手法であることはわかりましたけど、言葉が通じない、文字も読めない現地の人たちと合意を作るのは簡単ではないでしょうね。

カードの内容を確認しながら議論をすすめるからすごく時間がかかるのが難点だね。日々の生活に追われている貧しい人たちには時間もあまりないしね。理想は一から一緒に考えたいけど、現実にはある程度はプロジェクトを支援する人たちがアイデアを出していかざるをえないところがあるんだ。

日本人は全員で相談して決めるのが得意なんじゃないでしょうか。会議が好きだし。

皆で話し合って決めることが苦にならないところはあるかもね。言葉が通じないと難しいこともあるけれど、一緒に問題を解決するときに生まれる心の触れ合いを大事にしているそうだよ。参加型の基本はそこにあるよね。

インドネシア計画庁のトレーナーを迎えて拓殖大学で開催した PCM ワークショップ。写真上右端は筆者の佐原。

この章で議論したことをより深く掘り下げるために、以下の報告書をネット検索し、その内容を確認してみよう。

・国際開発高等教育機構『開発援助のためのプロジェクト・サイクル・マネジメント』国際開発高等教育機構、1997 年（改訂版、2007 年：内容はほぼ同じ）

  ＊原著は下記の GTZ により作成。
  GTZ, Objectives-oriented Project Planning, 1997（ネットに公開されています）
  GTZ はドイツ技術協力公社 Deutsche Gessellshaft fur Technische Zusammenarbeit の略語です。2011 年 1 月に組織名が GIZ（国際協力公社）に変更されました。

ワークショップ　　Workshop

　「仕事場・作業場・工房」の意味で用いられる言葉で、一般的には「所定の課題についての事前研究の成果を持ち寄り、討議を重ねる形の研修会」の意味。また、社会教育や学校教育の分野においては参加型学習や参加体験型グループ学習とも呼ばれ、「講義など一般的な知識伝達のスタイルではなく、参加者が学習過程に自主的に参加し、体験的に共同で何かを学びあい、創造することを目指す学習方法」を指します。

　目的は様々ですが、ワークショップとはそこに集まった一人ひとりの思いを全体で共有できる「場」であり、その「場」は参加者同士の関わりの質の積み重ねにより創られるものであるといえるでしょう。つまり、参加者一人ひとりの思いや意識のつながりが「場」を作り出し、「場」が参加者の新たな学びを生み、態度や意識の変容を促すという相互作用がそこに見られるのです（日本国際理解教育学会『現代国際理解教育事典』明石書店、2013 年より）。

外部条件とプロジェクト・コンポーネント　　がいぶじょうけんとプロジェクト・コンポーネント

　プロジェクトは任意の手段を組み合わせて順序よくそれを実行に移すことで、なんとか問題解決にまで持っていこうとします。しかし、問題の原因をなすすべての事項をカバーすることはできません。予算の制約や、相手国との関係で、プロジェクトとして取り上げることができなかった事項は外部条件として扱われます。外部条件のなかにはその動向いかんでプロジェクトが目指した問題の解決を危うくする事項もあります。たとえば、公共バスを普及させて、市民の足を確保し、併せて交通渋滞も防ごうとするプロジェクトを実施する際に、私的に所有する車が激増すると、公共交通機関の普及が遅れるだけでなく渋滞もひどくなります。私的に所有する車の増加の抑制、これは外部条件です。外部条件の動向を正しく判断することはいい計画を立てるために不可欠です。またこれを監視し必要に応じて対処を働きかけることは、プロジェクトが目的を達成するために必要です。この外部条件への対処が、場合によっては新しいプロジェクトとして取り上げられることもあります。

制約要因　　せいやくよういん

　外部条件と似ている言葉に「制約要因」があります。外部条件はプロジェクトの外側にいる主体に働きかけることで、部分的に操作ができます。一方で制約要因は、操作がなかなか難しい事柄を指します。たとえば農業開発の対象地域の雨量、気候、地形、地質。コミュニティ開発の対象地域の人口構成、部族構成など。これらは一例ですが、この制約要因については、それがプロジェクトにもたらす影響が重大で目標の達成を危うくすると考えられる場合は、計画そのものに実施可能性がないこととなり、プロジェクトの実施を断念することになります。

第 **8** 章

PLA 手法

ともに考えともに決める知的相談の手法

前章で学んだ PCM 手法は読み書きできる人を前提に作られていました。では、字の読めない人たちのためのプロジェクトではどうやって参加型開発を進めればよいのでしょうか。ここでは、RRA（迅速社会調査⇒89 頁参照）から発展した PLA 手法を紹介します。

PCM の次は PLA ですか。国際協力の手法はアルファベットの名前が多いので混乱してしまいます。

まあ、そう言わないで。ワークを利用して実際に経験してみると手法の違いがよくわかるよ。いちばんいいのは実際に現地で活動することなんだけど。

そう思って、国際学部が主催する夏休み短期語学留学のパンフレットをもらってきました。インドネシア語、フィリピン語、中国語、韓国語、マレーシア語……いろいろあって迷っちゃいます。とくにインドネシア留学では、姉妹校の学生のお宅にホームステイしながら開発プロジェクトに参加できるんですね。

拓殖大学国際学部は、前章で紹介したジャカルタの家具職人のコミュニティで開発プロジェクトに参加するという実践的な活動を何年も続けてきたんだよ。協力隊員を目指すなら絶好の機会だから、参加できるといいね。

語学と文化を学びながら開発プロジェクトにも参加できるなんてすごいですね。バイト頑張って、ぜひ参加したいです。

じゃあ、家具職人村で実施している PLA 手法についてもしっかり勉強しておかないとね。

第 8 章では PLA 手法を学習します。現地の人々と一緒に計画し、評価し、結果を踏まえて次の計画を立てるステップ・バイ・ステップの進め方ですが、その過程で地域社会の側にもプロジェクトに対する意識が高まり、やがては地域社会が主体となって開発を進めていくことができます。この手法は、もともと英国の大学で開発されたのですが、JICA 青年海外協力隊の派遣前研修でも取り上げられています。この章では、そのエッセンスを習得し地域社会の運営改善の具体的な方法を体感してみましょう。

❖ 草の根でプロジェクトを計画する

　草の根レベルの小規模プロジェクトでは、プロジェクト対象地域の人々と一緒に計画の内容を決め、実施していく参加型計画手法が多用されています。これがPLA（Participatory Learning and Action：参加型の学習と行動）です。PLA手法では、外部から計画作りを支援するために来訪した開発実務者が、まず地域の状況を聞き取り調査し、その結果を図や表でわかりやすくまとめます。その結果を地域住民に説明し、プロジェクトでおこなう活動候補の中からどれを選ぶかという重要な決定をします。ただし長期間にわたって地域の開発の方向を固定化する決断をするのではなく、内容を小分けにし、外部からの支援者と地域住民が一緒になって物事を少しずつ決め、実行してみた結果を観察したうえで次の決定をおこなっていきます。「**ともに考え、徐々に決めていく**」というのが特徴です。説明の内容をわかりやすくするために、時には文字だけでなくイラストを用いて理解を促す努力もおこなわれます。

❖ 生活状況を4つの軸に沿ってデータ化する

　この手法を使って計画する際には、ほぼ定型化した分析手法が用いられます。まずは地域住民の生活状況を、**時間軸**、**空間軸**、**社会関係軸**、**経済関係軸**から把握します。自分たちの生活を組織的にデータとして把握したことのない人々にとって、これは自分たちの置かれている状況を広い視点から把握し問題解決に取り組むために大きな助けになります。

（1）時間軸
　生活状況を把握するために、時間軸に沿って調査者が聞き取りをします。具体的には、これまでその地域にどのようなことが起こってきたか（年表作り）、季節ごとにどのような作業がおこなわれているか（季節カレンダー作り）、1日はどのように過ぎていくか（日課表）、将来の生活をどのようにしたいか（将来構想）について聞き取り、その結果を表やイラストにします。最後に、聞き取った内容を相手に伝え、誤っていないかを確認します。

（2）空間軸

　居住している地域と隣接している地域を含めて、そこにどのような施設があり社会経済的な機会やサービスが提供されているかを探ります（地図づくり）。また対象地域を地域住民と一緒に訪問し、発見したことを地図に書き込んでいきます。「横断歩き」とよばれるこの手法では、外部から来る社会学者、農業技術者、経済学者などが手分けし、おのおのの観点から気になる事柄を地域の人々に質問し、白地図に書き込んでいきます。すると次第に地図上に地域の懸案事項が浮かび上がってきます。その後、結果を持ち寄って議論することが重要です。異なった専門の視角から見ると、どのように状況が説明されるかを調査者同士が確認できるだけでなく、地域をより深く知ることができるからです（写真）。

◀地図づくり（空間軸で現状把握）

横断歩き（空間軸で現状把握）▶

◀工房見学（経済関係軸に沿って観察）

コミュニティ・リーダーへのインタビュー▶
（時間軸、社会関係軸、経済関係軸データ収集）

図 「地図づくり」実習で使った白地図

作業方法：対象地区は人口 5000 人の B 村。発見した事項を書き込んでいく。現地に詳しい地域住民に観察した事項の確認を求める。時間を置いて実施することで地域の変化をたどり、視覚的に整理することができる。

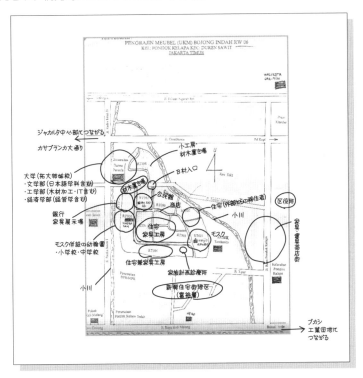

B 村の子どもたち

（3）社会関係軸

　地域に住む住民を様々な属性のグループ（壮年男性、壮年女性、若年男性、若年女性、未成年男性、未成年女性）に分け、地域の主要な職業団体、主要な社会組織、宗教組織がどの程度の重要性を持って認識されているかを調べ、**ベン相関図**で表します。この図では聞き取りを受けている人にとって重要なものおよび接触頻度の高いものを中央に大きな円で書き出し、重要度が低いものは小さく、接触頻度の低いものは遠くに書いてもらいます。これにより、社会的に影響力の強い団体や組織を確認できます。書く人が男性か女性か、若いか壮年か年配かで図の配置は当然変わってきます。ベン相関図をみると、それを書いた人がどのような社会関係の中にあり、それぞれの要素をどのように活用したいと考えているかがわかります。同時に、プロジェクトでおこなう活動が、社会関係図をどのように変えていく可能性を持っているのか、誰が支援し、誰が反発するか、どの程度の大きな変化が期待できるのかを明らかにする手掛かりとなります。

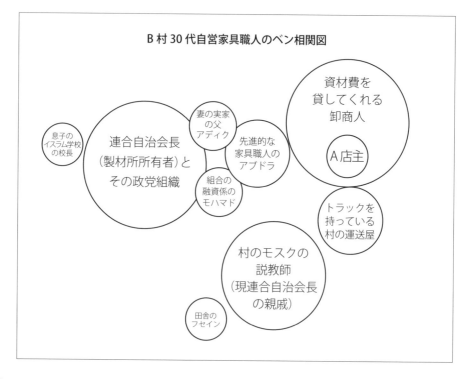

82

（4）経済関係軸

　地域の人にとって収入をもたらす経済機会がどこにどれだけ存在するかを、社会関係図と同様の手法で書き出してもらいます。出てきた結果を地域の人々に確認し、正しいと思われるところまで書き直してもらうことで、地域の人々と同じ目線で地域社会の状況を把握することができます。

　得られた結果をデータ（統計、過去の研究、写真など）で補足することも重要です。調査の目的は、地域社会の状況をしっかり把握し、問題の解決に必要なプロジェクト・アイデアを引き出していくことだからです。すでに別の調査者が同じ地域について研究結果を発表していれば、それを活用することも得策です。

◇ 取り上げる活動に優先順位をつける

　このようにして、地域の人々の状況を調査する中から、生活改善への具体的な活動アイデアが出てきたとします。どの活動をプロジェクトで取り上げるか、複数の候補の中から選ばなければなりません。外部支援者は地域の人々の意思決定を促す形で、地域の人々が自分で決めることが大事です。そこで使われるのが順序付けの手法です。たとえば、候補のすべてを同じ基準で比較し、もっとも適切なものを選ぶことができるスコアリング手法が有名です。比較に使う基準は話し合いで決め、投票は地域の人々が主導します。投票に際して投票用紙を使うこともできますが、字の書けない人の参加を促すために、10個の石や種を配って、大事だと思う活動を表しているイラストのところに置いてもらうという方法（**テン・ストーン手法、テン・シーズ手法**）を取ることもあります。こうして、まず現時点で何を取り上げて活動するかを決めていきます。

　こうして最初に取り組む活動を一つ決め、活動してみてから反省点を洗い出し、次に何をするかをもう一つ決め、活動してみて結果を振り返る。この細切れのプロセスを丹念に我慢強く積み上げることで、一歩ずつ大きな問題解決に向けて成果を地道につなげていくわけです。忍耐の要る作業ですが、途上国の内陸部や遠隔地で、教育や訓練の機会に恵まれないで育ってきた人々の中に入り、一緒に開発を考え行動を起こす場合には、効率は悪くともこのような方法が使われます。多くの少数民族が入り混じり、大きな枠組みで意思決定しようとしても意見がまとまらない場合に、当面の問題解決を積み上げることで徐々に開発を進めよう

する場合にも、合意を積み上げるこのような手法が取られることになります。

　この方法は、「変化のスピードが遅い」、「手がかかる」、「全体としてどこに向かうのか方向性が揺れてしまう」、などの批判が出る一方で、「資金・労力・知識・技能・組織力に恵まれない人々を対象にする際にはリスクが低くて良い」、「着実な手法である」と支持されることの多い方法でもあるのです。前章で扱った方法も含め、みなさんはどの手法に親近感を覚えるでしょうか。

図　スコアリング手法の例

イラストで検討事項を表し、参加者の意見に沿った選択肢上に石を置く。ここではマイナス要因についても石を置いてもらい、合計点で判断した（● ＝ プラス要因、× ＝ マイナス要因）。

	拡販路大	融資獲得	新製品製作技術獲得
高い収入が得られる	●●●●● ●●●●	●●●	●●●●●
仲間と一緒にやれる	●●●●● ●	●●	●●●●● ●●●●● ●●●●
高利だが、今お金を貸してくれている問屋の信用を失うリスクがある	×××	× × × × × × × × × × × × × × ×	× ×
合計点	9+6-3=12 **12**	3+2-15=-10 △ **10**	5+19-2=22 **22**

PLA手法についてまとめておきましょう。

・途上国の地域社会で、字が読めず、社会がまとまっていなくても、プロジェクトを進めることができる。

・地図作り、年表作り、季節カレンダー作り、日課表、将来構想表を作成し、ツールとして使うことで地域の生活をよく理解することができる。

・情報が視覚データ化されることで、理解が共有され、抱えている問題を認識する出発点が形成される。

・地域には様々なグループが存在し、異なる社会関係があり、利害関係がある。これを視覚データ化することで、問題解決の糸口を探ることが可能となる。

・イラストなど直感的な理解を促す手法が使える。

・一気に大事な決定をおこなうのではなく、ひとつずつ活動し、その結果を踏まえて次の活動を決めるため、開発の速度が遅くなったり、全体の方向性があいまいになったりする弱点を抱える一方で、地域の人々の合意形成の重要性を尊重するため、地域社会の問題解決能力を育てる効果がある。

プレワーク・スタディ

PLA手法では支援対象をよりよく理解するために、時間軸、空間軸、社会関係軸、経済関係軸に沿って対象に関するデータを集めていきます。よりよく理解するために、みなさんご自身のことを振り返って以下の作業をしてみてください。

（1）大学生になるまでに遭遇した重大な変化を3つ、それが発生した年を明記して書き出してください。（例：引越しに伴う転校、家族関係の変化、災害に遭遇）

（2）これからの3年間で遭遇すると予想されるもっとも大きな変化とそれへの対処方法。

（3）現在の1日の行動半径の中で、もっとも長い時間を過ごすところ。3カ月単位（4月〜6月、7月〜9月、10月〜12月、1月〜3月）でもっとも長い時間を過ごすところ。

（4）現在およびこれからの3年間の学生生活および職業人としての展望を開く上で、一番頼りにしている人は誰か、重要度の順番に5人書き出してください。これから3年間の中でその構成および順番はどう変動しますか。

（5）現在の収入を維持するうえで、一番頼りにしている人は誰か、重要度の順番に5人書き出してください。これから3年間の中でその構成および順番はどう変動しますか。

第Ⅱ部

まとめのワーク：PLA 手法を体感しよう

ワーク1

・みなさんの通った小学校について、その周辺の飲食店や文房具店、学習塾、洋服屋、娯楽施設など、小学校の周辺にある主要な商業施設を地図に書き出してみましょう。

・地域の人口の増減に影響した主要な出来事の年表を作ってみましょう。また、学校の年中行事（入学式、夏休み、運動会、全国学力試験、冬休み、卒業式、中間・期末試験など）と関連させ、需要が拡大する商品、利用が拡大する商業施設を書き出してみましょう。

・各商業施設の経営者で協力してくれる人に面談し、聞き取った内容をベン相関図にしてみましょう。

・各商業施設の中で、小学校に役に立ちつつ自身の経営改善も図れるイベント・アイデアを聞き取り、それぞれを、「大きな利益が出る」「地域の人々の関係が改善でき、支援が得られる」「今ある信用を失うリスクがある」という3つの観点から10点満点で評価してもらいましょう（テキストにならって表を作成してみましょう）。またこの3つの観点の内容をうまく表すイラストを作り、表に貼り付け、一目見ただけで理解できるよう工夫してみましょう。

アイデアの例： 入学式に合わせて、①学習塾で保護者・教員・塾講師交流立食パーティー、②子どもの登下校時、非常時に駆け込み可能な通学路周辺の商店オーナーと保護者の懇談会

ワーク2

小グループを作り、ワーク1で書き出した小学校周辺の商業施設（飲食店、文房具店、学習塾、洋服屋、娯楽施設）で働いている人々の役を分担する。それぞれの立場に立って考えたイベント・アイデアを、役場で開催される合同ミーティングでプレゼンテーションするというロールプレイを楽しもう。

ワーク3　発案されたイベントに0〜10点で配点し、集計結果について理由づけしてみよう。

ワーク4　役割を入れ替えてもう一度やってみる。ワーク3でもっとも低い点をつけた役割を演じ、イベントを売り込む立場になってみよう。

考えてみたら、途上国の人たちは読み書きができないなんて偉そうに言っている私たちだって、インドネシア語ができないわけですよね。話すことさえできないのに、どうやって意思疎通すればいいんでしょう？

そうだよね。せめて英語が話せると、ジャカルタの大学生に通訳してもらえるんだけど。

 ううむ、英語か……もっと勉強しとけばよかったな。

NGOの人たちや、地域のリーダーの人たちとのネットワークづくりなどにはコミュニケーションが大切だからね。関係者全員がともに語り、ともに考え、ともに決めて、またともに考え直す。そんな力が必要なんだ。

 よーし、片言のインドネシア語と英語、身振り手振り、あとは得意のイラストと笑顔でなんとか乗り切ります！

まずはそれで十分。いろんなことに気づいて帰ってこられるといいね！

ブルキナファソ、木陰のワークショップ
〔写真提供：古谷尚子〕

Further Steps この章で議論したことをより深く掘り下げるために、以下の報告書をネット検索し、その内容を確認してみよう。

・野田直人『続・入門社会開発』国際開発ジャーナル社、2000年
・佐原隆幸「拓殖大学によるボジョン村への支援と参加型開発の新しいアプローチ
　──拓殖大学アプローチはP手法を乗り越えたか？」『国際開発学研究』Vol.8、
　No.1、勁草書房、2008年
・佐藤寛『テキスト社会開発』日本評論社、2007年
・ソメシュ・クマール著／田中治彦監訳『参加型開発における地域づくりの方法
　PRA実践ハンドブック』明石書店、2008年

RRA　アールアールエー　Rapid Rural Appraisal

　迅速社会調査とも呼ばれます。もともとは英国サセックス大学のロバート・チェンバース教授が提唱した方法で、途上国の地域社会の貧困削減を扱うプロジェクトの計画作りに必要なデータを、可能なかぎり時間をかけず、また偏りが少ない形で入手する方法として考案されました。空間把握、時間把握、社会関係の把握、既存データの活用など実用的な方法を提示していますが、この章で紹介したPLA手法もデータ収集にはRRA手法を援用します。両者の違いは、RRAが主に外部者がプロジェクト内容を決めることを想定しているのに対し、PLAでは地域の人々が納得してプロジェクトの重要な事項について意思決定をおこなうと想定しているところにあります。

参加型開発　さんかがたかいはつ

　開発の対象地に住む地域社会の人々の意向を、計画段階から取り込むことによって、計画内容についての理解を深め、地域に潜在する資源を活用し、あわせてプロジェクトで建設された施設の維持管理の責任を引き受けてもらい、開発の効果を持続的なものにすることを狙った開発手法。1990年代、国際協力を実施してきた諸団体はプロジェクトの効果が持続しないことに危機感を抱き、それを打開する方法として、参加型開発を進めていくことを主張しました。具体的には、開発実務者と地域の人々との関係を「支援者－受益者」の関係から、「開発のパートナー」としての関係に組みなおし、また、開発のための活動に対し地域の人々の「開発のオーナーシップ（所有意識）」を高め責任を分け合うために、プロジェクトの計画作りの段階から意思決定に参加してもらう手法を積極的に採用することとなりました。計画の段階での参加が難しい場合でも、実施の段階での役務の提供や、評価の段階での意見表明を確保しようとする努力がおこなわれています。

セネガル、村人たちと話し合う青年海外協力隊員（村落開発普及員）。生活向上のために、村人の困っていること、必要なことをそれぞれ絵に描いてもらうことで、まず話し合いのきっかけにしている。〔写真提供：今村健志朗／JICA〕

政府予算でおこなう国際協力

ODA と国際平和協力

国際協力は、大きく分けて政府によるものと民間によるものの 2 種類があります。

政府が実施する国際協力が政府開発援助（ODA：Official Development Assistance）です。ODA は、円借款と呼ばれる資金貸付、無償資金協力と呼ばれる返済義務のない資金の提供（ただし実際は物品とサービスの提供）、そして技術協力に分けられます。これらは日本政府が直接かかわるので二国間援助という項目に分類されます。一方、国際機関を通じて途上国を支援するものを多国間援助と呼びます。

 ODA には二国間援助と多国間援助があって、二国間援助の内容は円借款、無償資金協力、技術協力の 3 種類ですね。政府がお金を出すのは ODA だけですか？

 ODA 以外に、OOF（Other Official Flows）と呼ばれている政府資金があるよ。これには、輸出代金の回収を保証するための輸出信用、投資に使う直接投資金融なんかがあるんだけれど、これらは基本的には民間企業が途上国と貿易をしたり投資をする際のリスクを軽減するためのものなんだ。つまり OOF も政府が負担する資金のことなんだけど、これが政府開発援助と呼ばれない理由は、途上国への無償寄与部分（グラント・エレメント）が 25％に達していないからなんだって。だから OOF は通常は援助とは切り離して、貿易と投資の領域のテーマとして扱われることが多いんだ。

 お金の出所と出し方によって援助と呼ばれるものは限られているんですね。じゃあ民間の国際協力にはどういうものがあるんでしょうか。

 資金分類で PF（Private　Flows）と呼ばれるのが民間の国際協力に当たるんだ。具体的には輸出を民間資金で保証する輸出信用とか、投資に民間資金を使う直接投資金融とか、他にも海外の証券への投資や、世界銀行などの国際金融機関への融資なんかも民間資金が使われると PF になるんだ。広い意味の国際協力だけれど、援助ではないんだ。（民間の国際協力については第 12 章を参照）

 へえ。そんなのがあるなんて知りませんでした。NGO も国際協力の主体として脚光を浴びてきていますね。

 NGO は非営利団体だから、そこでおこなわれる国際協力は民間の贈与に区分されて GPVA（Grants by Private Voluntary Agencies）と呼ばれているんだ。こちらは援助に分類されるんだ。100 頁の分類表が役立つよ。

 援助という言葉は気をつけて使う必要があるんですね。

第9章では政府による国際協力について確認します。前半ではODAによる国際協力を取り上げます。援助の出し手としてもっとも重要な主体は先進各国政府であり、過去半世紀にわたって日本をはじめとする先進各国により**政府開発援助（ODA）**プログラムが実施されてきました。そこでまず、日本のODAプログラムの主要な形態とその特徴について見てみましょう。

後半では自衛隊による国際協力を取り上げます。自衛隊の国際協力は、政府開発援助の領域に入る緊急援助と、それには入らない**国際平和協力**との2種類が実施されています。自衛隊は、人員・資機材・予算のいずれにおいてもこれまでの援助実施機関に比べ並はずれた規模の組織力と動員力を有するだけでなく、幅広い治安環境に対処し自己完結的に活動できる能力を持っているため、国際協力の新たな主体として大きな存在感を示し始めています。その特徴を正しく理解しておきましょう。

NGOによる国際協力については別の章で扱います。民間による国際協力は貿易と投資という領域に入り、それだけで独立したテーマとなるので本書では扱いません。

◇ ODA による国際協力

（1）円借款

　円借款は途上国の経済社会開発に必要なまとまった資金を円建てで低利で貸し付ける支援方法です。対象は、公益性は高いが収益性が低い分野の開発です。短期に利潤を上げることが難しいので、民間企業が営利目的で実施することのできないプロジェクトが中心となります。具体的には、港や空港、鉄道、高速道路など公的な運輸インフラ、有線・無線の電話網などの通信インフラといった経済インフラへの投資があげられます。このような大規模なインフラ建設プロジェクトにまとまった額の低利の資金を提供できる国は徐々に減少し、日本の成長鈍化にともない、今後は中国が中心となると考えられています。国際機関では世界銀行やアジア開発銀行あるいは欧州開発銀行などが中心です。また、アジアインフラ投資銀行（AIIB）やBRICS銀行などの国際金融機関も新設され、今後の動向が注目されています（第15章参照）。

（2）無償資金協力

　無償資金協力はその名前のとおり、返済義務を課さない資金協力です。開発途上国の中でも、一人当たり所得水準の低い国に対して公共性の高い生活インフラ・プロジェクトを対象に資金が供与されます。円借款に比べるとその規模は小さく

なります。たとえば円借款が首都圏商業港の整備に用いられるのに対して、無償資金協力は漁港や地方の小規模な港湾が主な対象となります。幹線道路もその全体ではなく特定部分あるいは生活道路の整備が優先されますし、大病院の建設より教育病院あるいは助産センターなどが優先的な対象となります。

　なぜこのような区分がなされているのでしょう。理由のひとつは、途上国の中でも比較的豊かで返済能力のある国ならば、返済が必要でも円借款でまとまった資金を融通することで多くの課題に対処することを手助けできます。しかし、貧しくて返済能力のない国々に対しては、特別の配慮が求められます。公共性が高く、貧困層に便益が届くプロジェクトであるならば、たとえ小規模でも返済義務のない資金を融通することで、その国の抱える課題の解決の途が一部ではあっても開けます。この考え方は、国際社会の標準的な姿勢となっています。

　無償資金協力では、貧困層の**基礎生活分野**の充実を図る支援を一般プロジェクト無償という予算を組んで従来から手当てしてきました。最近は、所得水準の特に低い国や紛争に苦しむ国の地域社会の人々を念頭に置いた予算も組まれるようになりました。日本NGO連携無償、草の根・人間の安全保障無償、コミュニティ開発支援無償、貧困農民支援無償、食料援助などと呼ばれる予算形態がそれにあたります。そのほか、テロ対策等治安無償、防災・災害復興支援無償、緊急無償、水産無償、人材育成研究支援無償、文化無償などの名前を付けられ、それに対応するニーズを満たすために使われています。債務がかさみ生活必需品が輸入できなくなり、生活レベルの低下が著しい低所得国に対しては、急場をしのげるように、当座の物資の輸入を支援するノン・プロジェクト無償という形態の支援もおこなわれています。

　無償資金協力は、基本的には所得の低い国々の地域社会の貧困層のニーズに配慮して実施されているものです。しかし、こういった人々はお金や物に恵まれないだけでなく、それ以外の様々な制約を抱えて暮らしています。無償資金協力を実施する際には、お金で解決しないこれらの制約をきちんと解きほぐし、支援の効果が長続きするように、技術協力による「知恵」を付加する複合的な援助をおこなうことの重要性が認識されています。実際に多くの無償資金協力案件が、その計画づくりや実施機関の能力強化の面で、技術協力の支えを受けて実施されています。

(3) 技術協力

　開発途上国の抱える課題の解決には、資金だけでなく様々な知識と技術が求められます。この知識と技術を、人を介して途上国の技術者に伝授するのが技術協力です。それでは、技術協力の世界で活躍するのはどういった人々でしょうか。開発コンサルタントと呼ばれる民間の専門家集団、中央省庁あるいは地方公共団体で技術専門官と呼ばれる公務員、そして国際的なボランティア活動に意欲を燃やす一般市民です。青年、壮年、そして老年まで幅広く活躍しています。

(a) 民間の開発コンサルタントを活用する技術協力

　民間の開発コンサルタントは、途上国の開発の基本計画を立てる、あるいは個別のプロジェクトに関連するデータを収集分析して実施可能性の高い提案をおこなう**開発調査**という仕事にかかわっています。基本計画を立てる開発調査を**マスタープラン調査**と呼びます。マスタープラン調査は国レベル、地域レベルあるいは分野レベルで、複数の案件を特定しそれをどのような順番でどのように進めるのが相手国の開発にとって効率的であるかを分析し、結果を開発計画としてまとめるものです。このような基本形のマスタープランは、1990年の冷戦終結後に社会主義から資本主義に経済社会制度を変えた多くの移行国と呼ばれる国々が登場するにつれ、より根本的な問いを扱う幅広いものに変わってきました。その理由は、従来社会主義の原則で国を運営してきた国々が、資本主義に基づいて国づくりを進めることができるよう、財政や金融の仕組みづくり、国際市場で競争力のある産業を育成するための仕組みづくり、貿易や通商の仕組みづくり、国営企業中心の経済から民間企業主体の経済へ転換するプロセスのスケジュールづくり、インフラの開発、農業および農村振興を資本主義への移行の中で進めるためのプログラムづくり、これらすべてをパッケージにした幅の広い提案をおこなうことが求められることとなったからです。これは政策立案支援型開発調査と呼ばれるものです。現在移行国に対する支援は一巡し、ベトナム、カンボジア、ラオスなどの国々は順調に開発を進めています。ミャンマーについても先行する移行国への協力の経験をもとに、民政移管後、数多くのプロジェクトが形成され、日本のODAの新しい大口受け取り国となりつつあります。

　一方で新しい課題に応えるための調査が求められています。2000年以降の課題は紛争に見舞われた国々の復興と開発です。これについては、十分な形での基本計画づくりは実現していません。

開発調査には、個々の案件の費用と便益を推計し、無駄が少なく実施可能性の高いプロジェクトを提案するタイプのものもあります。これは**フィージビリティー調査**と呼ばれます。ここで活躍するのも民間の開発コンサルタントです。途上国の技術者とともに、基本的なデータの収集と解析、そしてその手法自体の技術移転をおこなっています。完成した報告書は途上国政府が国際開発金融機関から融資を受ける際に不可欠な資料として活用されています。このように、開発コンサルタントと呼ばれる人々は、途上国の開発プロセスを促進するための知的な貢献を担う形で技術協力に参加しているのです。

近年では、報告書を作成して受け入れ国にその実施を提案するだけでなく、実際にその一部を日本の予算で小規模な範囲で試行し効果を実証することで、報告書の信頼性を高める手法をとる開発調査案件が増えています。対象はインフラの建設にとどまりません。受け入れ国の自立的な発展を促すために、本書の第3章で取り上げたインドネシアの地方政府に対する初中等教育分野の支援のように、地域社会の仕組みづくりを提案するものも多数おこなわれています。開発調査は現在のところ年間150件前後おこなわれていますが、途上国政府が開発のためにおこなう投資のリスクを、知的な側面から軽減する役割を果たしているのです。

(b) 公務員による技術協力

中央省庁あるいは地方公共団体の公務員は技術協力に大きな役割を担っています。その内容は、日本の開発の経験を背景に、途上国の開発課題への取り組み方について相談に乗り、合理的な案を固めてその実施を支援するというものです。また、個人だけで助言するのではなく、チームを組んで一定期間、集中的に労力、資材、資金、ノウハウを投入して課題解決のモデルを作るという方法も取っています。これは**技術協力プロジェクト**とよばれる方法です。数多くの公務員が派遣専門家として途上国におもむきますが、その逆に研修員としてやってくる途上国の公務員に、日本でどのように技術が使われているのかを教える**研修員受け入れ**という仕事もおこなっています。

(c) ボランティアによる技術協力

ボランティアによる国際協力は、個人の経験を活かして開発途上国の組織に入り、そこで直面している技術的な課題の解決に奉仕する**シニア海外ボランティア**、あるいは青年期の一時期を途上国の地域社会に入り込んで草の根で問題の解決に尽力する**青年海外協力隊**活動に参加するというのが、その主な形態です。

ここまで紹介した技術協力の歴史は古く、戦後早くも 1950 年代には小規模な協力が日本の国際協力の先駆けとして開始されました。当時は、先行する欧米諸国の技術協力の枠組みであるコロンボ・プランを準用し実施されました。

(d) 緊急援助隊の形を取る技術協力

　比較的新しい技術協力の形態も存在します。開発途上国で大きな災害が起きるとマスコミでよく取り上げられるのが**緊急援助隊**です。緊急援助隊は救援チーム、医療チーム、専門家チームから構成されていますが、それぞれ発災後の救助活動、被災者の医療ケア、災害のメカニズム分析と復興計画立案の助言をおこないます。チームは単独または組み合わせで派遣されます。また必要な救援物資が世界数カ所に備蓄され、時をおかずに搬入できる仕組みが整備されています。この援助は、1987 年 9 月 16 日「国際緊急援助隊の派遣に関する法律」（法律第 93 号）により創設されて以来、技術協力の枠内で実施されてきました。チームのメンバーは外務省をはじめとする各省庁、地方自治体とそこに所属するあるいは民間有志の病院、独立行政法人の職員が中心をなしますが、現地で円滑に活動を進める補佐役として、多数の青年海外協力隊の OB や OG が通訳そのほかの業務を担っています。派遣準備から現地での活動の調整および撤収は国際協力機構が外務大臣の指示を得ておこなってきました。

　現在、緊急援助隊には多くの人が参加していますが、その中には 1995 年の阪神大震災の経験者が含まれています。当時、現場で救助や治療にあたった方たちです。国際的な協力を重ねることで経験の厚みがさらに増したことはもちろん、他の先進国の緊急援助のありかたを学ぶ中から、日本国内での救助や災害時医療支援チームづくりを求める声をあげています。国際協力の経験が、ひるがえって日本国内の制度をも変える力となったことを示す好例です。

(e) 自衛隊による大規模な緊急援助活動の展開

　海外での自衛隊による緊急援助活動については 1992 年の法改正により、規模が大きい災害の場合、そして自給自足の体制で活動しなければならない場合については、実施できることとなりました。その最初の派遣は 1998 年のホンジュラスのハリケーン災害で、医療部隊および空輸部隊の隊員 200 名弱が参加しました。その後も、1999 年のトルコ地震、2001 年インドのグジャラート州で発生したインド西部大地震、2003 年のイラン地震、2004 年末のスマトラ沖大地震などで自衛隊が緊急援助をおこなっています。8 万人を超える犠牲者を出したスマトラ沖大地

震では、インドネシアおよび被害の及んだタイにも派遣され、合計で 1400 名近くが参加しました。その後も、2005 年のカムチャッカでの深海救難、同年のパキスタン地震、2006 年のインドネシアのジョグジャカルタ地震、2009 年のインドネシアの西スマトラ地震と、2009 年までにインドネシアで起きた 3 つの地震ではいずれも自衛隊が派遣されています。その後も 2010 年のハイチ地震、同年のパキスタン水害と 2011 年のニュージーランド地震の際の物資輸送、2013 年のフィリピン台風災害時の救助活動や医療・防疫活動には 1000 人を超える隊員が派遣され、自衛隊の航空機や船舶も活用されました。同様に、2014 年のマレーシア航空機やインドネシア航空機の捜索においても自衛隊の航空機や船舶が出動しています。

その他 2015 年にはエボラ出血熱流行対策のための物資輸送（ガーナ）、ネパール地震対応支援、2019—20 年にはオーストラリア森林火災の消火復旧支援、そして 2022 年にはトンガ火山噴火に対する飲料水供与や火山灰撤去用具の輸送支援が行われています。

◇ 自衛隊による国際平和協力活動

自衛隊による国際平和協力活動の実施費は防衛省により予算要求されています。つまり予算の分類上は ODA 予算でおこなわれる国際協力活動ではなく、防衛省の本来業務とされているのです。これは国際平和協力法が根拠とされています。

自衛隊の海外での活動のさきがけは 1992 年におこなわれたカンボジアの**平和維持活動（PKO）**です。その後、1993 年モザンビーク、1996 年ゴラン高原、2002・2010 年の東チモール、2007 年ネパール、2008 年スーダンで国連平和維持軍の活動に参加しています。スーダンへの派遣は 2017 年 5 月に終了。現在は司令部要員として 4 名が残留しています。

難民救援活動への自衛隊の参加もおこなわれています。1994 年のルワンダ、1999 年インドネシア東チモール（当時）、2001 年アフガニスタン、2003 年ヨルダン（ただしイラク難民のための物資輸送）へ派遣された自衛隊は国連高等弁務官事務所と協働して難民支援に必要な食料やテントなどの物資の輸送にあたりました。

復興支援としては 2002-04 年に東チモールに施設部隊を中心に 2287 人を派遣し、道路・橋・給水施設の維持補修や管理を担いました。2003 年の 7 月にイラク復興特別措置法を成立させ、復興支援として、給水、電力供給施設などライフ

ラインの修復、学校や病院の修復、道路などのインフラ再建にあたってきました。また 2010 年のハイチ大地震からの復興支援には、施設部隊を中心に 2007 年までに 2184 人の自衛隊員を PKO 部隊に派遣しました。南スーダンには 2015 年現在も施設部隊を中心に大規模な派遣を継続しています。

　冷戦終結後地域的な紛争が多発するにつれ、紛争時の人道支援、復興への支援は国際協力の主要な課題となっています。そしてこれを担う主体として、それまでは資本主義陣営内および社会主義陣営内の紛争解決には主に米国や旧ソビエト連邦が主導してあたっていたのに代わり、国連の存在が前面に出てくることになりました。**平和構築支援**と呼ぶこの国際協力の領域では、軍事面での支援、政治的な支援、そして開発援助による支援をうまく組み合わせ、紛争の終結、停戦、復興、開発へと、地域の人々が正常な暮らしを取り戻すのを促進するための協力がおこなわれています。下図はその役割分担を整理したものです。

図　平和の達成に向けての役割分担

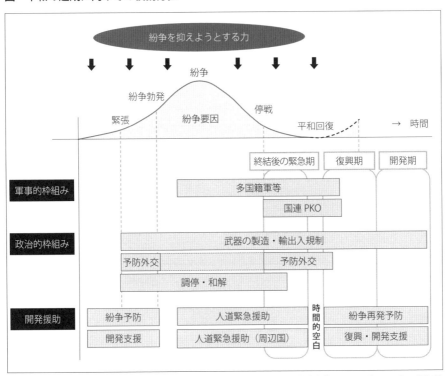

（出典：『平和構築──人間の安全保障の確保に向けて』国際協力事業団、2001 年、p.5 を一部改変）

第9章　政府予算でおこなう国際協力

97

◇ 国際協力の主要なアクターは誰か

　最近では、紛争終結後の復興に深くかかわる国際協力の案件が増えてきました。復興がすばやく進展し、市民の生活が安定していかないと、また紛争状態に逆戻りすることがあるからです。紛争終結－復興－開発のプロセスをすばやく進めていくためには、紛争終結の見通しが立った時点から、自衛隊による国際平和協力とODAによる国際協力（前頁の図の「人道緊急援助」「復興・開発支援」部分）が連携を密にし、協力の効果がすばやく上がるよう現地入りのタイミングを前倒しすべきだとの意見が出てきました。

　開発援助という仕事は、従来は政情の安定した環境の中で実施されてきました。治安が悪化すれば退避するというのが原則でした。しかし、途上国地域で紛争が頻発する時代となり、軍事や外交面で平和を確保しようとする動きと連動させて、できるだけ早い段階から開発援助の仕事を組み立てていくことが必要となっています。これは、国際協力の主要なアクターは誰であるべきかにかかわる大事な議論です。政府委員会での議論、関連法案の国会での議論について、国際協力に関心のある学生は継続的にこれを追いかけていく必要があります。みなさんが国際協力に参加することを考えるならば、どのような立場から、どのような環境下のどのような案件にかかわっていくのかをしっかりと整理しておくことが必要となってきているのです。ウクライナ戦争後の復興に関心のある学生にはこの点特に留意が必要です。

表　緊急援助をめぐる協力支援ニーズの由来と支援主体の役割分担

	技術協力による支援	自衛隊による支援
自然災害に対する支援ニーズ	ODAによる国際協力の実施部隊である緊急援助隊による支援	大規模な自然災害および現地で自給自足型の支援体制が必要とされる場合には、自衛隊が緊急援助隊に加わって活動
紛争に起因する支援ニーズ	・紛争地への人道緊急援助は国際機関に委託 ・紛争地ではなくその周辺国での難民支援など実施 ・紛争終結後の復興プロセスで本格的活動	国際平和協力を本来業務とする自衛隊がPKOに参加する形での支援 （ただし、現在は治安維持など武力行使を伴うものでなく、ライフラインの復旧などに特化して活動）

様々な国際協力をまとめておきましょう。

・ODA は日本の国際協力の主要な手段で、円借款、無償資金協力、技術協力による方法がある。国際機関への資金拠出は、二国間での協力だけでは手が届かない部分をカバーする。各々の形態ごとに、供出金額、地域、分野、条件は別々に設定されている。

・技術協力の中でも、開発調査は途上国の開発の方針を定めそれを具体化する上で大きな役割を果たしている。

・技術協力は人の派遣、受け入れ、資機材の供与を手段として、途上国で機能する知識や技術の導入あるいは創造を中心的なテーマとして実施されている。

・OOF は、民間企業による途上国との輸出入、途上国への直接投資を公的機関が支援するもの。ODA ほど有利な条件ではないが、民間企業の経済協力を促進する触媒としての役割を有する。

・自衛隊による国際協力の中心は平和維持活動（PKO）。紛争終結から復興に向かう過程を円滑に進めるための活動である。今後は紛争の終結そのものを支援する治安維持の部分までさかのぼって活動の範囲を拡大すべきかどうかが問われている。

・紛争の終結と復興・開発のプロセスを支援することが国際協力の主要テーマになりつつある今、ODA による国際協力を担ってきたグループと、国際平和協力を担う自衛隊との役割の調整・連携が求められている。

プレワーク・スタディ

日本の ODA 予算の動向を理解するために、以下について調べてみましょう。

(1)「有償資金協力、円借款、実績、推移、pdf」というキーワードで外務省の資料を検索し、2000 年以降の予算の規模と主要受け取り国、主要分野について確認しましょう。

(2)「無償資金協力、実績、推移、pdf」というキーワードで外務省の資料を検索し、2000 年以降の予算の規模と主要受け取り国、主要分野について確認しましょう。

(3)「技術協力、実績、pdf」というキーワードで外務省の資料を検索し、最近年の予算の規模と主要受け取り地域、主要分野について確認しましょう。

(4)「開発協力、民間資金の流れ、pdf」というキーワードで財務省の資料を検索し、国外に向かう最近年の民間資金の量が ODA の何倍に当たるかを確認しましょう。

(5)「自衛隊、国際平和協力活動への取り組み、実績、pdf」というキーワードで防衛省の資料を検索し、派遣中の平和維持隊、直近の国際緊急援助隊について、派遣人数を確認しましょう。

経済協力の枠組みとその性格を理解しよう

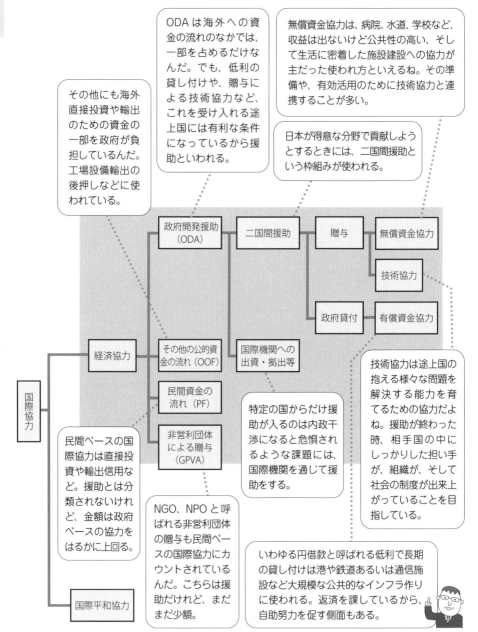

ODA は海外への資金の流れのなかでは、一部を占めるだけなんだ。でも、低利の貸し付けや、贈与による技術協力など、これを受け入れる途上国には有利な条件になっているから援助といわれる。

無償資金協力は、病院、水道、学校など、収益は出ないけど公共性の高い、そして生活に密着した施設建設への協力が主だった使われ方といえるね。その準備や、有効活用のために技術協力と連携することが多い。

その他にも海外直接投資や輸出のための資金の一部を政府が負担しているんだ。工場設備輸出の後押しなどに使われている。

日本が得意な分野で貢献しようとするときには、二国間援助という枠組が使われる。

技術協力は途上国の抱える様々な問題を解決する能力を育てるための協力だよね。援助が終わった時、相手国の中にしっかりした担い手が、組織が、そして社会の制度が出来上がっていることを目指している。

民間ベースの国際協力は直接投資や輸出信用など。援助とは分類されないけど、金額は政府ベースの協力をはるかに上回る。

特定の国からだけ援助が入るのは内政干渉になると危惧されるような課題には、国際機関を通じて援助をする。

NGO、NPO と呼ばれる非営利団体の贈与も民間ベースの国際協力にカウントされているんだ。こちらは援助だけれど、まだまだ少額。

いわゆる円借款と呼ばれる低利で長期の貸し付けは港や鉄道あるいは通信施設など大規模な公共的なインフラ作りに使われる。返済を課しているから、自助努力を促す側面もある。

ワーク1　財務省のウェブサイトで「開発途上国に対する資金の流れ」を参照し、ODA、OOF、PF の規模とシェアを直近の2年分確認しましょう。

ワーク2　国際協力の様々な形態について、新聞・雑誌・書籍・ニュースなどで得た知識を使い、つぶやき形式でその特徴を説明してみましょう。

ワーク3　前頁図中のつぶやきとワーク2で出たつぶやき中のキーワードを下の表に整理してください。

	特　徴	日本にとっての意義	途上国にとっての意義
政府開発援助			
その他公的資金による援助			
民間資金による援助			
非営利団体による贈与			
二国間援助			
無償資金協力			
技術協力			
有償資金協力（円借款）			
国際機関への出資・拠出による援助			

ワーク4　自衛隊が海外で実施した国際平和協力活動を防衛省のウェブサイトで確認し、予算執行額順、そして派遣自衛隊数順に集計してみましょう。

ワーク5　平和の達成に向けての役割分担図で人道緊急援助と復興・開発支援との間に時間的な空白があることを確認してください。この空白を埋めるために復興支援の開始を前倒しすべきだとの意見がありますが、前倒しすることによって得られる利益は何でしょう。それに伴い発生するリスクは何でしょう。また復興支援の担い手は誰がおこなうべきでしょう。

第二次世界大戦で敗戦した日本は、米国や国際機関からの資金援助や技術支援によって復興を果たしたんだ。製鉄や石炭産業を育て、運輸や通信インフラを作り、輸出部門を整備した。その結果、1950年代の朝鮮戦争を経て東アジア情勢が安定化する中で経済成長を遂げたんだよ。

今ではその日本が資金や技術を提供しているんですね。戦後の日本が国際社会から提供してもらったことを他国にお返ししているってことでしょうか？

実は日本の資金協力は、第二次世界大戦で多大な迷惑をかけた東南アジア諸国への「賠償」として開始されたんだ。最初は賠償金でインフラ復興や産業基盤整備を進めたんだけど、賠償が一段落した後は円借款に引き継がれたんだ。この資金を得て経済成長を果たした韓国や中国は、今はもう円借款の受け取り国ではなくなり、他の途上国に資金援助をするようになった。シンガポールやタイ、マレーシアも援助国の仲間入りをしているよ。

日本が援助を受ける国から援助する国に変わったように、日本からの援助を卒業して他の国に援助を提供するアジアの国々が現れてきたんですね。

一方で新たな問題も見えてきているよ。世界の各地で小規模な紛争が多発して、紛争の再発予防や復興支援が必要とされているんだけど、政情の安定した場所で活動することを前提とする従来の日本のODA予算では、治安が不安定な間は支援できないんだ。治安の安定と民生の安定には早期の開発が不可欠という認識が広まる中で、これからの日本の国際協力がこのままでいいのか、自衛隊はどう位置づけられるのかといった役割の再確認が必要だね。

> **Further Steps**　この章で議論したことをより深く掘り下げるために、以下の報告書をネット検索し、その内容を確認してみよう。
>
> ・外務省ウェブサイト　「ODA白書等報告書」（pdf）
> ・国際協力事業団「平和構築——人間の安全保守の確保に向けて」事業戦略調査研究報告書、2001年
> ・稲田十一『紛争と復興支援』有斐閣、2004年

国際協力キーワード

グラント・エレメント　（GE：Grant Element）

　援助をする際の条件のゆるやかさで、値が高いほど借り手にとって条件がゆるいことを示しています。民間で利潤を上げるためにおこなう貸付を商業的貸付と呼びますが、この場合のグラント・エレメントはゼロです。一方で、無償資金協力や技術協力のように、相手側に返済義務のない支援のグラント・エレメントは100％です。その中間の円借款による貸付は返済義務を課しますが、その金利や返済期限あるいは最初の数年間の返済を猶予する据え置き期間の設定によって、条件は緩和することができます。政府による国際協力が政府開発援助ODAとしてみなされるためには、25％以上のグラント・エレメントを有していることが必要とされ、これを満たさないものはその他公的資金による協力として区別されています。

組織制度づくり

個人、組織、制度の3層の成長を目指して

　国連開発計画（UNDP）が1990年に発表した人間開発報告書（Human Development Report）には、健康水準の向上、基礎教育へのアクセスの改善、生存に不安のない生活水準の確保を通じて個々人が自由な選択をできるようにすることが開発の目的であると書かれています。これらを実現するためには、道路や鉄道、空港や港などの経済インフラだけでなく、電気や水道、学校などの社会インフラが整うことはもちろん大切です。しかし現在ではそれらを使いこなすためのルール整備や管理能力を培うことが最重要課題と認識されています。開発の目標は組織・制度づくりを通じて基礎的な社会サービスを円滑に提供し、生産活動を促進して生活を安定させ、ゆくゆくは個人の自己実現と自由・平等・平和な社会を両立する環境を整えることにあるのです。

　UNDPの人間開発報告書によると、開発の目的を達成するためには、個人－組織－制度の3層の能力強化を並行して進めることが重要と説明されていますね。

そうなんだ。個人の技能向上、組織の改革、制度の整備。そのどれをとっても、足りないものを外から補い、自分の環境に合うように適応させていかなければならない作業だからね。国際協力の世界では、過去半世紀にわたって多くの外国人専門家が途上国に派遣されてきたけれど、途上国側との協働作業がどのように問題解決に結びついてきたのか、そのプロセスについては残念ながら十分に記録されていないんだ。

　本当に大事なところがなかなか第三者に伝わる形で表現できていないということですね。ネットやテキストで知識として知ってはいても、しっかり理解して使えるようになるには経験が必要なんですね。

知識はあくまでも知識であって、実際に使えることとは別なんだよね。このことってなにかに似てると思わない？

　あっ、わかった！　途上国に技術支援をするときのポイントですね。同じことが実は援助する側にも言えるんですね。

そのとおり。大事なのはマニュアルづくりじゃなくて、人から人へ伝えて根付かせることだからね。日本の国際協力の世界では、「人づくり、国づくり、心のふれあい」という言葉が半世紀にわたって重視されているんだよ。日本の援助関係者は実はUNDPより早くそのことに気づいていたんだね。

国際協力で達成すべきは受け入れ国の組織や制度を担う人材を育成し、問題を解決する能力を向上させることである、という主張は今では広く受け入れられています。しかしそれを達成するためのアプローチについては意見が異なるようです。①情報技術を使って広く解決策を収集し、その中から効果的で安上がりな技術を選択すればおのずと最適な解が得られるとする**市場型アプローチ**と、②途上国各々の特別な事情に配慮し問題の発生している現場でともに考えともに解決策を探るいわゆる「寄り添い伴走する」過程を大切にする**育成型アプローチ**の両者がありますが、日本は後者を志向しています。

第10章では、組織制度づくりとは何かについて触れ、次いで日本の主張するアプローチと今後の課題をまとめてみましょう。

◇ 組織制度づくりを大切に

　国際協力の最終着地点は、組織・制度づくりとよくいわれます。これはいったい何を意味しているのでしょうか。日本で暮らす私たちの日常は、天災や事故がないかぎり平穏に進むことが多いのですが、実はそれは、様々な社会サービスが計画通り提供されて初めて成り立っているのです。この重要性はその社会サービスがうまく提供されない場合を考えてみるとよくわかります。

　たとえば、ゴミの収集は市町村が提供する公共サービスのひとつです。決まった日時に決まった手順で収集され、住民はそれに合わせてゴミ出しをする。このシステムが崩れると、町には臭気があふれ、ハエや蚊、ねずみが繁殖し、感染症が広がることになります。みなさんが途上国を訪問して、ゴミが散乱しているのを見かけたとき、実はそれはごみ収集という社会サービスがうまく提供されていないこと、その提供を担う組織がきちんと機能していないことを示しているのです。ともすると住民のモラルの問題としてのみ捉えがちですが、国際協力の世界の発想では、これを、住民への環境教育も含め、ゴミ問題を包括的に管理する「自治体の組織としての能力育成」の問題として捉えます。

　同様の問題は初等教育、保健衛生、徴税、雇用対策など、私たちが生活するうえで必要なほぼすべての社会サービスに関わってきます。初等教育を普及させることができなければ、教育機会を失う世代が生まれます。生活に必要な基礎的な知識や技能を獲得できない世代は貧困に陥り、その影響は子どもや孫の世代に引き継がれます。日本でも新興国との競争が激化し、輸出の減少や雇用の不安定化、

そして社会サービスを賄う税収の不足が問題となっています。しかし、教育や保健サービスを減らさずに、情報や通信の技術を活用して徴税能力を上げ、必要な人に必要なサービスが届くよう、行政の効率を改善することが求められます。社会サービスを担う組織の力がしっかりしていることは、地域社会が機能するかどうか、国が機能するかどうか、そして少し大げさな言い方をすれば、貧困が軽減され、人々の選択の幅が広がり、ひいては 18-19 世紀から叫ばれてきた自由、平等、平和を達成する環境が育成されるか否かに大きく関わっていることは理解していただけると思います。

◇ 組織の段階的発展論

　それでは、社会サービスの提供を担う組織の能力は、国際協力の世界ではどのように捉えられているのでしょうか。スウェーデンの政府機関であるスウェーデン国際開発協力庁（Sida：Swedish international development cooperation agency）は、組織の発展についての手法を簡単でわかりやすい「階段モデル」で提供しています。その発展段階は 4 つに整理されています。

Sida の階段モデル

第 1 段階　原初的段階：社会サービスの提供が、時によりまた場合によってバラつきの大きい段階。

第 2 段階　基礎条件整備段階：社会サービスの提供が、計画したとおりの量と質を確保しながら提供できる段階。

第 3 段階　組織内整備段階：社会サービスが、組織内での改善努力によって効率的に提供され、コストが下がり、質的向上も実現する段階。

第 4 段階　外部との連携段階：社会サービスを必要とする側の需要を敏感に先取りし、提供体制を整えるとともに、需要側を教育し協働してサービス改善ができる段階。

　この最後の段階をゴミ問題に取り組む自治体に当てはめると、ゴミの分別収集へ向けて市民教育を展開し収集コストを下げるとともに、リサイクルの推進でゴ

ミ量を減らし、処分場の寿命を長期化し、併せて中長期的視点でサービス内容への不公平感を減らし、かつ対策の充実を両立させる能力を獲得した状態といえるでしょう。

　Sida のモデルの特徴は、各段階の特徴を、①サービスの受け手側にどう対応し、どのような評判を得ているか外部からの評価で確認、②組織内部の役割分担と専門能力の進化が業務効率化につながっているか組織の管理機構面で確認、③外部への依存状況を資金面で確認、④依存状況を技術面で確認という 4 つの視点で整理するところです。③および④については、通常業務としておこなうサービスと、新しい技術を使っておこなうサービスとを区分し、各々がどこまで提供できているかを観察しています。

　国際協力を通じて、途上国の社会サービスを担う組織の能力形成を支援するプロジェクトでは、協力対象の組織が現在どの段階にあるのか診断することは重要です。次の段階に進めるには何が必要なのか（サービスの受け手のニーズ調査か、組織の改善か、資金の提供か、技術力の強化かあるいはその全てか）をわかりやすく分析できるところに、この手法の利点があります。

図　組織開発の階段モデル（Sida モデルのイメージ）

		特　徴	サービスの受け手側の評判	内部管理機構の改編	外部への依存（資金面・技術面）
	第 4 段階 外部との連携	外部の関連機関（demand side）の意向をくみ取り一層の改善	顕　著	顕　著	依存なし
	第 3 段階 組織内整備	組織内での改善努力により質の向上／および効率化	良　好	顕　著	依存なし
	第 2 段階 基礎条件整備	アウトプットの量／質共に期待されたものを出す	きこえてこない	着手の兆候	通常業務部分は依存なし、新規業務部分は依存
	第 1 段階 原初段階	アウトプットの量にばらつきがあり質も一定でない	きこえてこない	未着手	強

プロジェクトによる側面支援

107

◇ 3層のキャパシティ・ディベロップメント・モデル

　組織に着目する Sida モデルに対して、組織の中の個人の能力（キャパシティ）形成、組織が働きかける社会のあり方を改善することも同時に視野に入れて「組織・制度づくり」を語るのは、国連開発計画（UNDP）です。国連開発計画は3層のキャパシティ・ディベロップメント（CD）という言葉を使い、「個人、組織、制度や社会が、個別にあるいは集合的にその役割を果たすことを通じて問題を解決する能力（問題対処能力）獲得のプロセス」を進めることを、国際協力の効果的なアプローチとして提唱しています（下図参照）。

図　3層のキャパシティ・ディベロップメント（概念枠）

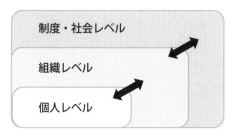

　3層のキャパシティ・ディベロップメントでは、問題解決の主体は**個人－組織－制度および社会へ**と拡がっていきます。まずは個人の能力育成が組織の問題解決能力拡大につながるよう、研修機会を管理します。それと同時に、組織の問題解決能力の拡大が社会に受け入れられ、制度の運用能力の拡大につながるように努めます。地域社会の求める社会サービスの内容を把握し、これに応えるために、組織内役割分担の合理化、技術および資金面での手当てを進めます。この3層にわたる要求の方向性を揃えていくことが効果的な組織制度開発につながるという考え方です。

　しかしこの理想形のモデルを実現しようとするプロセスに危険性を指摘する人もいます。国連開発計画では、組織制度づくりについての提案をおこなう際は、国際的なコンサルタント市場からアイデアを募り、国際入札にかけます。通常そういったアイデアは、情報技術の導入と組み合わせた形で提示されます。導入コストや技術的容易さの観点から比較され、結果的に形式化の度合いが高いアイデアが選ばれることとなります。外国人が途上国の抱える問題を診断し開発した標準

的解決策に沿って、途上国がその解決策を使いこなせるように研修を実施すればそれで満足しかねないのです。国際コンサルタントが提供する解決策は、たとえば先進国が使っている汎用的な会計用ソフトウェアのようにやってくるので、育てるべき問題解決能力はそのソフトを使いこなすことだと勘違いされかねません。そもそもデータをとるという概念がなかったり、入力すべきデータが信頼できないといった途上国特有の問題があり、おのおのの職場に見合った手法に仕立て直しがされていなければ、これを導入する意欲は湧いてこないのではないかという疑問が出てきます。

✧ 日本式の組織制度づくり：心の触れ合いを標語に

　日本の組織制度づくりの考え方は、上記の Sida や UNDP に比べると、定式化が進んでいません。その目指すところを表すために、「**人づくり、国づくり、心の触れ合い**」という標語がよく使われますが、まずは関係者が途上国の現場にともに立ち、直面する問題をともに分析して解決方法を考えようとします。問題の分析と、解決手段の組み立ておよび実施の手順を創りだしていく中で、日本の経験が生きる部分についてはそれを適用しようという姿勢をとります。このやり方は、問題解決の方向を外部者主導で提示する方法ではないところから、定式化の度合いが低く、当事者以外の第三者には伝達しにくい側面を持っています。一方で、現地の担当者とともに解決策を創り上げていくことから、現地のアイデアを活かし、解決策への所有意識を高めるという長所を有しています。

　この、一緒に問題に取り組む際の仲間意識、問題解決を成し遂げたときの達成感を「心の触れ合い」と呼ぶわけですが、この感情の共有が、担当責任者間、組織の関係部署間、関係組織間で広がることを大切にしています。そしてその感情の共有を積み上げることで、３層のキャパシティ・ディベロップメントを途上国の人々自身が主体的に成し遂げることを、外部から促進するという立場を取っているのです。途上国側のオーナーシップ、途上国側とのパートナーシップを大切にするという、ミレニアム開発目標が設定される際に国際社会が打ち出した精神を、実は日本は半世紀前から実践してきたと主張する研究者もいます。

　しかし、日本の国際協力の魂ともいえる「問題解決に取り組む際の仲間意識や達成感の共有」という成果は目にはなかなか見えません。また相手側とのやり取

りをうまく組み立てて、積極的な取り組み姿勢を引き出すという技能も、なかなか定式化できません。なぜならば、これらはいわば暗黙知に属するノウハウだからです。暗黙知に頼る方法は、その知を一度に多くの人々に伝えるという点では限界があります。また、担当者が変わり、環境が変わる中でそれが風化するリスクもはらんでいます。

　必要とされているのは、「ともに考えともに取り組む」方法から「価値ある部分」を取り出して定式化すること。勘と経験とチームワークに頼るのではなく、問題解決がうまく進む「システムを創っていく」こと。知を創造する「プロセスを創り上げ定着」させること。これらは、日本の組織制度づくりアプローチが世界各地でより多くの人々に受け入れられるためには、どうしても取り組まなければならない課題として残されています。

◇ 組織制度づくり：学習過程促進アプローチ

　組織行動学者のデービッド・コルブは「**経験学習モデル**」として、「経験→省察→概念化→実践」という４つの段階を提唱しています。次の図はコルブのモデル

図　組織制度開発モデル（学習過程促進アプローチ）

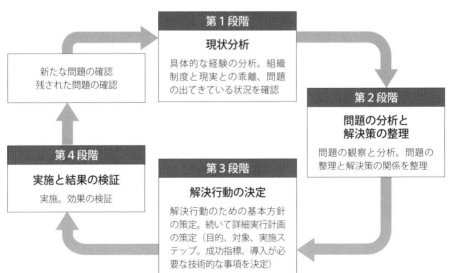

をもとに、日本型の問題解決能力の形成プロセスをモデル化したものです。このモデルでは問題解決の過程を4つの段階（現状分析、問題の分析と解決策の整理、解決行動の決定、実施と結果の検証）および「見直し」に分けています。

　日本の組織制度づくりには、これまでの経験を整理する作業が求められています。そこでたとえばこのモデルを大まかな枠組みとして、途上国に派遣された技術協力専門家が相手国の責任者と協働してどのように問題解決を進めていくのか、どうすればより効果的に問題解決が実現するのかを整理する試みも可能でしょう。明治時代の近代化では西洋の技術を吸収し、日本の抱えている問題の解決に役立つ形に創りなおしていく**導入と適応**（**Adopt & Adapt**）をおこないました。途上国の組織に入り、ともに考えともに行動するという協力姿勢から創りだしてきたものはいまだ暗黙知にとどまっています。コルブ・モデルに沿って、これまでの日本の国際協力が培ってきた暗黙知を再整理し、形式知として第三者に伝えることができれば、大きな知的貢献になりえます。

　組織制度づくりとは何か。それは、途上国で社会サービスの提供を担う組織が、業務を展開する上で直面する問題を自身で解決する問題解決能力を育てることです。どうすればより効果的に能力育成できるか、実証的な研究が求められています。

組織制度づくりについてまとめておきましょう。

・組織制度づくりは国際協力の着地点といわれている。支援を受けた組織が、問題を解決する能力を備え、自力で様々な事項に対応できるまでになることを想定している。

・組織制度がどこまで発展しているかを示す簡便な尺度として、スウェーデン開発庁では「階段モデル」を設定し、外部の利害関係者からの評価、組織内部の役割分担の合理化、技術的能力、財務的能力をチェックポイントに整理している。

・国連開発計画では、3層のキャパシティ・ディベロップメントという概念を使い、「個人－組織－制度および社会」の3つのレベルが並行して問題解決能力を獲得することを提唱している。

・日本のアプローチは、相手側とともに問題解決に取り組み、そこで生まれる連帯感が「個人－組織－制度および社会」の問題解決能力を伸ばすとし、現場での協働を重視する。

プレワーク・スタディ

組織制度づくりの問題について、次のワークに移る前に以下について調べておきましょう。

(1) 組織制度づくり（Institution Building）と組織制度開発（Institution Development）という言葉が国際協力の世界では頻繁に使われてきました。通常はその違いをしっかり分けては使いませんが、そもそもはどのように使い分けられてきたのでしょうか。誰が（外部者主導か内部者主導か）－どのように（外部にある解決策の適用か、その適応とつくり直しか）－誰のために（新しいリーダーの活躍のためか既存のリーダーの能力向上か）組織制度を築くのか、といった視点から整理してください。

(2) 個人の能力が伸びても、それが組織の問題解決能力に結び付かない、あるいは制度の改善につながらない場合が多いといわれます。公務員が奨学金を得て海外で研修を受けたものの、帰国後相次いで辞職してしまう組織のばあい、組織側にどのような問題があると考えられますか。考えられる原因をリストアップしてください。

問題解決アプローチ　もんだいかいけつアプローチ

　国際協力の世界は、資金や物資の供与で済んでいた時代は遠く去り、途上国の基本的な社会サービスを運営する組織の問題解決能力を向上させることを目指す時代に入りました。この課題には様々なアプローチがありますが、組織開発（Organization Development）、行動学習（Action Learning）と呼ばれる経営にかかわる問題の解決と組織内のメンバーの能力向上を組み合わせた手法など、そもそもは経営学の中で育った知見が活用されることが多くなりました。一方で、成人がどのようにして知識経験を蓄え能力を伸ばすのかを問う成人学習心理学からの貢献もあります。これらに共通するのは、いずれも直面する問題の解決に取り組むことを組織や制度の開発の出発点としていることです。

プロセス管理技能　プロセスかんりぎのう

　支援活動が終了した時点で、支援を受けた側には継続して問題解決に取り組んでいくための意欲と技能が育っている必要があります。そのためには、問題解決に取り組む責任のより大きな部分を、徐々に支援を受ける側に担わせていくような移行の過程が必要になります。支援する側と支援を受ける側との関係に着目し、この過程をどう管理するかが国際協力に携わる人々の技能として求められています。

ワーク1

組織制度づくり（Institution Building）と組織制度開発（Institution Development）はどのように使い分けられているのでしょうか。「誰が」（外部者主導か内部者主導か）−「どのように」（外部にある解決策の適用か、その適応とつくり直しか）−「誰のために」（新しいリーダーの活躍のためか既存のリーダーの能力向上か）組織制度を築くのかといった視点から整理してみましょう。

	誰が	誰のために
組織制度づくり		
組織制度開発		

ワーク2

問題解決能力向上とは何でしょうか。個人、組織、社会、それぞれの問題解決能力に分けて、考え方をまとめてみましょう。

	個人レベル	組織レベル	社会制度レベル
問題解決能力向上の方法			

ワーク3

個人の能力が伸びても、それが組織の問題解決能力に結び付かない、あるいは制度の改善につながらない場合が多いといわれます。たとえば途上国の政府職員が公費で留学しスキルを身につけたものの、帰国後に離職し自営のコンサルタントになってしまうケースです。組織にとどまる意欲をもたせ、組織の問題解決の力を向上させ、ひいては社会的にも評価の高い制度づくりの実現に結びつける方策を考えて、空欄に記入してください。

	個人レベル	組織レベル	社会制度レベル
組織制度づくりにつながらない現状	スキルを身につけた職員が離職してしまう	問題を解決する能力を獲得できない	社会的な評価が上がらない
組織制度づくりを実現する方法	組織の求めるスキルを優先的に習得する		

ワーク4

ワーク3でおこなった解決策の探索作業を振り返り、これを110頁の学習過程促進アプローチモデルにあてはめてみましょう。図の第2段階、第3段階に記入してください。

図　組織制度開発モデル（学習過程促進アプローチ）

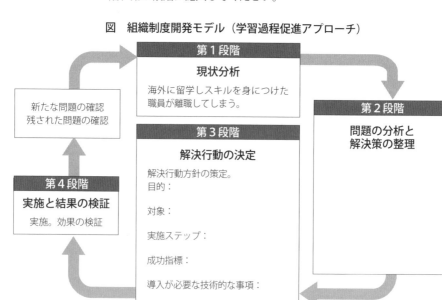

援助する側が熱心に取り組みすぎることで、援助される側の自主性を奪ってしまうということもあるんですね。そうならないように気をつけながら、自分たちで問題解決ができるようにしなければいけないんですね。

そうでなければせっかくの支援もなんにもならないからね。組織づくり・制度づくりという言葉は、最後は支援する側とされる側の関係をどう組み立てていくかに絞られてくるんだ。

 日本の国際協力は、現場での相手側との協働と連帯意識を大切にしてきたということですけど、最後には手を引くわけですよね。どのように終了させるかということは、始めるとき以上にむずかしそうですね。

実はそうなんだ。日本でも最近では、徐々にではあるけれど、そのための具体的な知恵を集める研究に注目が集まり始めているんだよ。

国際協力のプロジェクトでは、途上国と援助国の関係者の協調により計画策定や事業実施が進められる。写真は筆者の徳永（右端）が参加する JICA のタンザニア国地方道路開発技術向上プロジェクトの合同調整会議。

 この章で議論したことをより深く掘り下げるために、以下の報告書をネット検索し、その内容を確認してみよう。

・Sida　The staircase model in brief（組織制度づくり 階段モデル：英文 pdf）
・JICA「キャパシティ・ディベロップメント　ハンドブック」2004 年、p.7（pdf）
　Kolb の理論を取り入れた日本語の文献として
・阿部久美子「人と組織の学びをデザインする」『企業と人材』2012 年 11 月号（pdf）
・恩田守雄『開発社会学』ミネルヴァ書房、2001 年

第11章

小規模融資

貧困層支援の切り札にするには

　世界銀行キム総裁の 2013 年 10 月 9 日のプレス・リリースによると、1990 年には世界で 19 億人 (当時の途上国人口の 43%) が極度の貧困状態にありましたが、2010 年には 12 億人に減少しました。さらに 2020 年までに 6 億 9000 万人に、そして 2030 年までに 1 日 1.25 ドルで暮らす人口をゼロにするという目標を公表しました。しかし 2020 年現在でも世界で 8 億人以上が 1 日 1.25 ドル未満で生活しています。食料価格が上昇すればさらに追い込まれる人々が増えることは明らかです。南アジアやサハラ以南アフリカの人々にとってまさに今そこにある問題なのです。

　グラミン銀行は農村地帯の貧困層の女性にも無担保で融資して成功を収めたんですね。利子は安くなかったと聞いていますが、返済されないという心配はなかったんでしょうか？

農村の貧困女性たちはわずかな原資さえあれば仕入をして、製品を作り、収入を得ることができることがわかっていた。でも大手の金融機関では相手にしてくれなかったから、融資してくれたグラミン銀行にはすごく感謝もしただろうし、返済することが励みにもなったんじゃないかな。

　貧しくてもプライドはありますもの。それに仕事さえあれば、借金があっても未来に希望がもてます。

グラミン銀行を創設したモハマド・ユヌスのアイデアは画期的だったね。女性たちを 5 人一組でグループにすることで互助意識を育てたり、僻地の農村まで返済金の回収に出向いたりして返済率を上げながら、教育や衛生などの生活レベルの向上にも努めたんだ。その結果、借りた人の半数が貧困層から脱却したといわれているよ。

　うーん、その話を聞くと、与えられる一方の援助よりも、よほどやる気を引き出しているような気がしますね。これからの ODA のヒントにもなりそうです。

今ではグラミン銀行の事例も参考にして多くの NGO が小規模融資を始めていて、中には融資と組み合わせて識字や衛生習慣の指導、計算や帳簿つけなどビジネスの基本を教え、社会開発も併せて推進しようとする団体も現れているんだよ。融資対象も、紛争で財産を失った人々の生活再建にも適用するなど、多様化しつつあって、世界中で展開されているんだ。

バングラデシュに端を発した小規模融資は世界規模で様々な経営的革新を進めています。香港に拠点を置く英国のチャータード銀行など国際的な民間金融機関は、小規模融資を公益性とともに収益性もある事業として大規模に展開しつつあります。一部の金融機関による規律を欠いた貸付と容赦ない取り立てによる悲劇がセンセーショナルに報道され、小規模融資自体が反社会的だとする短絡的な意見もありますが、これまで融資の対象にすらならなかった貧困層に借入の機会が提供されたことは事実です。

グラミン銀行の事例が示す通り、貸付の規律が守られれば、返済率は商業銀行の通常融資を上回り、融資が社会の底辺層に広くいきわたる結果を残しています。新たな国際協力の方法として今後の発展のためには何が必要か、議論を深める必要があります。第 11 章では、そもそも小規模融資とはどのような制度かというところから見ていきましょう。

◇ 新しい国際協力の試み：小規模融資

　この章では従来の国際協力の方法とは異なる新しい試みについて紹介します。まずは小規模融資についてです。小規模融資は別名**マイクロ・ファイナンス**とも呼ばれ、バングラデシュの**グラミン銀行**（直訳は「村の銀行」）が始めた農村女性への小規模融資がよく知られています。従来の伝統的な小規模融資と比べて、グラミン銀行の融資はどこが違ったのでしょうか。

　第一は、融資対象が農村貧困層に限定され、借り手の 90％以上を女性が占めたこと。第二は、借り手が 5 人一組でグループを作り、返済を助け合う代わりに、無担保で貸し付けたこと。第三は、従来の銀行のように都市部の店舗で客の来店を待つのではなく、銀行員が村を訪問して貸付および返済の取り付けをおこなうサービスを展開したこと。第四は、借り手である農村の貧困層女性の識字を支援するなど社会的地位向上のプログラムを融資の条件として導入したことです。

　グラミン銀行の成功をうけて、この貸付モデルはやがて世界 40 カ国に拡がり、多くの援助機関が ODA プログラムとして途上国に融資をおこなう契機となりました。グラミン銀行は商業銀行ですので年利 20％の利子（ただし単利）をとりますが、**無担保**で融資を受けられるため、貧困層の女性が起業するための唯一の資金源となりました。融資を受ける際、借り手は「16 の決意」を守ることを誓います。「私たちはグラミン銀行の 4 つの原則に従い、私たちの人生のあらゆる歩みの中でこれを推進する：規律、団結、勇気、そして勤勉…」で始まる「16 の決意」には、「私

たちは井戸から水を飲む。もし井戸がない場合は、水を沸かすかミョウバンを使う」といった生活改善のための項目も含まれています。その結果、借り手の半数近くが絶対的貧困から脱したとされています。1983年の設立以来、返済率は90%以上を維持しています。

◇ 小規模融資とアドボカシーを組みあわせる

現在NGOや市民団体の多くが、このグラミン銀行の小規模融資という貸付方法を参考にして、途上国の貧困層支援の有力な手法として採用しています。そして支援の効果を挙げるために、貸付前の住民教育も活発に展開しています。これらの**アドボカシー（権利擁護）**活動は具体的には、①識字教育：名前を書いて口座を開くこと、取引を管理するための基礎的な計算能力をつけること、資金の出し入れを記帳管理する能力、生活に必要な情報を入手すること、これらを目的に実施されています。② 健康教育：基本的な衛生習慣や、感染症の予防、栄養の知識。③人権教育：特に子どもや女性の人権についての教育です。家庭生活や社会生活で女性に過重な負担がかかった状態、あるいは女性の努力が報われない状態を改善することで、社会全体として新しい知識や技術の吸収力を高め、開発を促進することを狙っています。

NGOや市民団体ではこれらの識字教育や健康教育、人権教育の講習会への参加を、貸付申請を受けつけるための条件として課しており、たとえばバングラデシュの大手NGOであるBRACではこれらを念入りに実施することが知られています。

✿ 大手民間銀行も参入

　近年、この小規模融資を、社会的な貢献を果たしつつも収益を上げていく手段として取り上げる大手民間企業の出現が注目を浴びています。英国のスタンダード・チャータード銀行は、民間銀行でありながらも、従来はODAの一部として実施されていたインド農村への小規模融資事業をビジネスとして展開しています。水牛の購入費用、タイル材料の購入といった小口の需要に応じつつ高い利益を上げており、地球規模で展開するこの銀行にとって、いまや重要な収益源の一つを形成するまでになっています。

　民間の銀行が農村の小規模融資に進出していくことは、これまで民間融資の対象と見られていなかった貧困層に新しい機会がおとずれたことを意味します。途上国の地方を拠点とする零細企業が、援助や施しではなくビジネス・パートナーとして、資金を得、収益を上げ、返済を果たしてさらに事業を拡大していくために必要な持続的な枠組みが出来上がったことを意味します。小規模融資を得られることは人権の一部であるとの主張も現れています。

　なお、現在では、小口融資の手法は、農村の女性以外にも様々な対象に貸し付けられ、工夫が重ねられています。たとえば紛争終結後の復興過程で、人々が生活を再建するための支援方法としても使われています。

✿ お金ではなく生活必需資材を回転させる

　さらに、生活に直接役立つ資材を回転させていく援助手法にも応用されています。たとえば穀物の種子を貸し付け、栽培して増やした中から利子に相当する量を加えて返済してもらう、**穀物銀行**の仕組みがあります。あるいは、家畜を貸し付けて、繁殖させ、産まれた子どものうちの利子分と親を返却すれば、そのほかの子どもは世話をした農民が受け取る、**家畜銀行**の仕組みがあります。必須薬品や食料も同様に、利子相当分を加えた現物が返済され、貸出拠点ではより多くの資材を扱えるようになります。資材が手から手に回っていくことで、徐々にその配布範囲が広がり、より多くの人々が生活に必要な必須資材を手にすることができるようになるわけです。

　グラミン銀行の仕組みと、そこから派生した**必須資材の回転**による貧困削減プ

ログラムは、開発の世界では貧困削減の重要な手段として注目を集める手法となっています。

◇ ODA は脇役に

このモデルは国際協力の在り方という観点からも教訓を与えてくれます。ODAは長期・低利の資金貸付けという脇役に回り、地域の健全な小規模金融事業主体と手を組むことで、より大きな開発効果を生み出すことができるということです。グラミン銀行の成功により、ODA の実務関係者もこれまでの役割意識を見直す必要があります。「役に立たんとすれば一歩退け」ということですが、この一歩がどのくらいなのかは難しい問題です。

国際協力に参加するためには先進国の ODA 関係機関に直接つながっていなければならないとの思い込みを、この事例は打ち砕きました。途上国の貧困層の問題を、生活パターンを、思考方法をよく知り、これを改善するためのビジネスモデルを考えることが立派な国際協力となることがわかってきたのです。つまりこのことは、民間企業に勤めるビジネスパーソンも自身の仕事をとらえなおすことで国際協力に参加できる、しかも創造的に参加し大きな貢献を果たすことができると示唆しているのです。

バングラデシュの農村で竹製の小さな椅子を作る女性たち。この技術協力プロジェクトによって、村の女性たちにも技術を身につける機会ができた。未婚・既婚にかかわらず、多くの女性たちが集まって初めての椅子作りを経験している。〔写真提供：谷本美加／JICA〕

小規模融資についてまとめておきましょう。

・小規模融資プログラムへの貸付は、従来のプロジェクトへの貸付とは異なり、現地の融資実行組織の業務と方針が国際開発金融機関の信用と援助に値するものであり、貧困層支援に寄与するものであれば、必要な資金を提供する新しい方式の国際協力である。

・グラミン銀行は農村貧困層女性をターゲットに、無担保で貸し付けるなど、これまでにない斬新な銀行業務をおこなっており、この銀行への資金提供はODAにとっても画期的な間接支援といえる。

・貧困層女性の利便性に配慮し、銀行が貸付や回収のために出張するだけでなく、識字向上など社会的な能力の向上にも貢献する、開発効果の高い資金協力である。

・グラミン銀行モデルは他のNGOや市民団体、そして最近では商業銀行でもこれを参考とするなど、大きな波及効果が出ている。

・農村金融だけでなく紛争後の復興支援にも効果が出ている。

・グラミン銀行の成功は、ODAが脇役になることでより大きな開発効果をもたらす可能性を示しており、今後の国際協力を創造的に見直す契機を提供するとともに、高い志があればより広い国民層が国際協力に参加できることを示唆している。

プレワーク・スタディ

小規模融資の問題を日本の例から理解するために、以下について調べてみましょう。「頼母子講（たのもしこう）」でキーワード検索するとわかりやすい解説にヒットできます。

(1) 小規模融資は伝統社会でもおこなわれてきました。たとえば鎌倉時代に発生した地域金融システムである日本の頼母子講はどのような特徴があるでしょうか。担保の有無、貸付審査の方法、返済確保の方法、利子の設定などお金を貸すことに関連する基本的な事項を確認してみましょう。

(2) これと対比してグラミン銀行の優れている点を挙げてみましょう。

ワーク1

もともとしっかりした起業アイデアを持っていた人は、小規模融資を活用して利益を上げ、事業を拡大し、貧困から脱却していくことができます。一方で、起業アイデアの乏しい人々も支援があれば小規模融資を活用できる可能性が広がります。小規模融資を使った貧困削減を支援する以下のプロジェクトでは、どのような点を補おうとしているのか確認してみましょう。

● JICA：ホンジュラス　地方女性のための小規模起業支援プロジェクト

ワーク2

グラミン銀行の成功に刺激を受け、世界各地で貧困層支援のための小規模融資を取り入れた開発銀行が途上国で開業しています。開発銀行を軌道に乗せるためにも国際協力がおこなわれています。以下のプロジェクトでは開発銀行のどのような能力形成を図ったのでしょうか。

● JICA：パキスタン貧困層向けマイクロ・ファイナンス事業（海外投融資出資事業）

ワーク3

従来のプロジェクトに小規模融資の要素を付け加えることで、開発効果を高めることができます。以下のプロジェクトではどのような効果を狙ったのでしょうか。

● JICA：パラグアイ　テリトリアル・アプローチに基づく農村開発に向けた農業普及・小規模融資システム改善プロジェクト

ワーク4 小規模融資は起業支援から生活の安定を直接支援するものにも広がっています。グラミン銀行の住宅ローンのプロジェクトでは、どのような効果が現れたのでしょうか。以下の文献で少なくとも3点指摘してください。

●坪井ひろみ「グラミン銀行の住宅ローンとバングラデシュの女性」（pdf）

ワーク5 ワーク1から4の結果を踏まえて、マイクロ・ファイナンス事業を通じて貧困を削減するために留意すべき点を、資金の貸し手側、借り手側に分けて一覧表に整理してください。

	留意すべき点
貸し手側	
借り手側	

グラミン銀行の「16の決意」って、「ミレニアム開発目標」と重なるものがありますね。「私たちは子どもたちを教育し、子どもたちの教育費を払えるよう保証する」なんていうのもあります。

「繁栄は家族のために」っていうのもあるね。家族のためなら頑張ろうって思えるのかもしれないし、この内容が実現できれば生活レベルは確実によくなるから、張り合いも出てくるよね。

これは援助する側にとってのヒントにもなりますね。企業利益を追求しながら、誰も犠牲にせずに国際協力ができるとしたらすばらしいです。

民間企業でBOP（Base of Pyramid）ビジネスという途上国向けの営利事業を考えるときにも、現地の人のやる気を引き出すことが成功につながるんじゃないのかな。（BOPビジネスについては第12章を参照）

援助するという姿勢より、ビジネス・パートナーになってもらうと考える方がお互いにとって利益になるのかもしれませんね。

Further Steps　この章で議論したことをより深く掘り下げるために、以下の文献の内容を確認してみよう。

・菅正弘『マイクロファイナンスのすすめ—貧困・格差を変えるビジネスモデル』東洋経済新報社、2008年
・ムハマド・ユヌス『貧困のない世界を創る—ソーシャル・ビジネスと新しい資本主義』早川書房、2008年
・ムハマド・ユヌス『ソーシャル・ビジネス革命—世界の課題を解決する新たな経済システム』早川書房、2010年
・ニコラス・サリバン『グラミンフォンという奇跡』英治出版、2007年

第Ⅱ部

ツー・ステップ・ローン　two step loan

　途上国の公的な金融機関に資金を融資し、その金融機関を通じて中小企業や農業団体に資金を貸し付け、貧困層の生産活動の拡大や生活改善を狙う資金協力のことを言います。途上国側ですでに貧困層支援の政策を打ち出している際に、これを日本の資金で背後から支援するのですが、多数の人々に小額の資金支援をすることが可能となる一方で、仲介する途上国の金融機関が公平で規律ある透明性の高い資金運用をおこなっているか常に監視を怠ってはならないという側面があります。1995 年に日本の円借款資金がグラミン銀行の支援のために投入された際も、このツー・ステップ・ローン方式が活用されました。

貧困削減戦略書　ひんこんさくげんせんりゃくしょ　PRSP：Poverty Reduction Strategy Paper

　貧困撲滅を目的として、途上国政府が世界銀行および IMF と共同で作成する文書です。その内容により、目標達成の見込みが高い場合は有利な条件で資金支援を得ることができます。貧困削減戦略書の作成には通常、(1) 貧困の現状とその原因の診断、(2)10 年の長期削減目標と 3 年間の短期目標の設定、必要な経済政策、社会政策、改革プラン、(3) 効果の確認方法と監視の態勢、(4) 援助需要、(5) 実施課程に利害関係者を参加させる具体的な方策を示すことが求められます。

　貧困削減戦略書をきちんと作成するには、データ収集とそのとりまとめが必要です。そのために、ドナー側からその作成を支援する技術者が派遣され協力がおこなわれることがあります。3 年の実行計画の中には、具体的な貧困層支援の方法も記入を求められますが、多くの途上国が農業・農村開発のいくつかの方策のひとつとして、小規模融資を手段としてあげています。

エチオピア、ゲラ地区アファロ集落に住む家族。コーヒー農家だが日常的に食糧不足で、子どもは栄養不足から風邪や下痢を起こしやすい。〔写真提供：渋谷敦志／JICA〕

第 12 章

新しい国際協力の取り組み

多様な主体による開発アプローチ

　国際協力の主役はこれまで ODA が担ってきました。しかし、近年では様々な主体（プレイヤー）が参加するようになって参加層の広がりを見せており、国際協力の方法も多様化しています。

 いまさらこんなこと聞くのは恥ずかしいんですけど、NGO と NPO の違いってなんですか？

 知らない人はたくさんいるからちっとも恥ずかしいことじゃないよ。実は NGO と NPO には厳密な使い分けがあるわけじゃないんだ。NGO（Non-governmental Organization）は非政府組織、NPO（Non-profit Organization）は非営利組織という意味なんだけど、どちらも政府や企業から独立した市民団体として活動していて、活動内容も似ているんだ。

 ふぅん。今までずっと、NGO は国際協力活動、NPO は国内ボランティア活動と思っていたんですが、そうとはかぎらないんですね。

 NGO というのはもともと国連の経済社会理事会で生まれた言葉だから、国際協力や地球環境、人権問題といった地球規模の活動をするボランティアを指すことが多かったという事情があるらしいね。

 NPO には NPO 法（特定非営利活動促進法）というのがあって、認定 NPO 法人になると税制上の優遇が受けられるそうですけど、NGO にはそういう法律はないんですか？

 NGO には登録制度がないんだよ。だから NGO として発足した団体でも NPO 法人として登録したり、社団や財団として活動したり、いろいろだね。もちろん任意団体として自由に活動することもできるよ。

 ということは、ボランティア活動を始めたいと思ったときに、どんな NGO なら信頼できるかという基準はないということですよね？　どうやって選べばいいのか、困っちゃうな。

 NGO を支援する NGO として国際協力 NGO センター（JANIC）があるよ。どんなことをやってみたいか相談すると、おすすめの NGO を紹介してくれる。一度行ってみたらいいんじゃないかな（https:www.janic.org）。

この章では最近の新しい国際協力の取り組みについて紹介します。内容は、①市民活動によるNGO活動、②社会起業家による公的サービスの提供、③民間企業による直接投資やBOPビジネス、そして④官民連携によるインフラビジネスの4つです。なお、今回は紹介できませんが、地方自治体や大学・調査研究機関なども、国際交流のみならず、国際協力の分野において様々な取り組みを積極的におこなっており、ODAと連携した事業が実施されています。

まずは市民がNGOを組織しておこなう国際協力活動を取り上げます。そもそもNGOとは何か、そこから始めましょう。

✧ NGOによる国際協力活動

　NGO（Non-Governmental Organization）は、市民が組織する民間非営利団体です。その中で国際協力に携わる団体は400にも及ぶといわれています。理念的には非政府かつ非営利の立場で、公共あるいは社会的弱者である他者の利益のために活動することを使命とします。日本ではNGOは国際的な諸課題、たとえば途上国の貧困対策や開発支援、紛争や災害、人権やジェンダー、健康、自然環境、平和や軍縮などに取り組む場合が多いようです。一方、類似の団体として言及されることが多いNPO（Non-Profit Organization）は、主に国内あるいは地域の諸課題や福祉、芸術・文化や学術、スポーツなどに取り組む場合が多いのですが、NGOとNPOの活動内容に厳密な区別はありません。両者ともに資金源は、寄付金、無償援助、提供したサービスの手数料、製品・商品の売り上げ、会費収入から成り立っています。

　NGOの特徴は、災害や紛争発生時に機敏に、柔軟に、そして草の根レベルで現地のコミュニティに密着して活動するといった現場での機動力ときめの細かさにあり、その重要性は高まっています。しかし、組織規模が小さい団体が多いため安定した収入に恵まれない場合も多く、必要な人材や資材の調達・確保が大きな課題となっています。このため、1991年に旧郵政省（現ゆうちょ銀行）が開始した国際ボランティア貯金（現在はゆうちょボランティア貯金に加えて、ODAによる「日本NGO連携無償資金協力」事業予算を活用したり、経済界とも協働したりして活動の領域を広げています。

◇ 社会起業家による公的サービス

　社会起業家がおこなう事業は**ソーシャルビジネス**ともいわれ、「地域の社会的課題を解決するために、ビジネスの手法を用いて社会的なミッション（使命）を果たす事業」と定義されます。したがって国際協力のみを対象とするものではありません。また、取り組む社会的課題は NGO と同じであっても、社会起業家はこれをビジネスの対象として捉え、ビジネスを通じて一定の利益を得ること、それによりビジネスに関係する地域、人々が恩恵を得ることを目的としている点が、非営利の NGO 活動とは異なる点です。

　ビジネスの要件としては、①現在、解決が求められる社会的課題に取り組むことを事業活動のミッションとする社会性、②継続的に事業活動を進めていくための事業性、③その事業性を確保するために新しい社会的商品・サービスやそれを提供する仕組みを構築したり、活用したりする革新性（ソーシャル・イノベーション）の 3 つが重要だといわれています。ビジネス主体は、上の要件を満たす営利企業体（ソーシャル・ベンチャー）、一般企業などになります。所属する組織形態は異なるかもしれませんが、すべての社会起業家に共通する特徴として、「社会の重要な問題を解決に導くために新しいアイデアを出し、不屈の精神でビジョン（理想像、展望）の実現を目指す人々、頑として弱音を吐かず、決して諦めずに、どこまでもアイデアを広げていこうとする人々」であるということです（ボーンステイン『世界を変える人たち』ダイヤモンド社、2007 年）。

　開発途上国を舞台にして多くのビジネスの種が撒かれ、花が咲こうとしています。また、その多くは後述する BOP ビジネスを兼ねておこなわれています。

◇ 民間事業による直接投資や BOP ビジネス

　グローバル化にともない多くの日本企業が海外に進出して工場や施設建設のために直接投資をおこない、生産拠点や販売網を拡大しています。民間による積極的な事業への投資によって開発途上国も経済発展の恩恵を受けていることは、第 8 章でも民間資金の流れ（PF）として紹介しました。

　民間によるもう一つの活動として **BOP**（Base of Pyramid）**ビジネス**があります。これは年収 3000 ドル未満で暮らしている貧困層および社会や開発プロセスから除

外されている BOP 層と呼ばれる人々を対象としたビジネスです。BOP ビジネスは BOP 層を消費者としてだけでなく、雇用者あるいはビジネス・パートナーとして設定し、様々な課題（水や生活必需品の不足、貧困）の改善に取り組むために新規開拓事業を目指します。途上国の開発課題の解決にビジネスを通じて貢献し得るビジネスモデルとして近年注目を集めています。BOP 層は途上国を中心に 40 億人、全世界人口の 7 割と想定されており、この市場規模は日本の実質 GDP に匹敵する約 5 兆ドルに及ぶという試算もあるほどです。

　BOP ビジネスには相手国の政情不安など様々なリスクが存在しており、また企業が短期的に利益を上げることは容易ではありませんが、新たな商品開発に取り組むことで、企業にとっては技術革新（イノベーション）の契機になることが期待され、中長期的には、BOP 層自体が将来の中間所得層（ボリュームゾーン）に成長していくと予想されることから、日本の企業にとっても魅力のあるビジネスとなっています。

　しかし、現状では途上国において企業が単独で BOP ビジネスを実施するのは容易ではなく、ODA も活用して協力準備調査、市場の開拓や実証実験がおこなわれています。主な BOP ビジネス事例としては、住友化学がタンザニアで展開したマラリア予防用に殺虫剤を織り込んだ糸を用いた蚊帳「オリセット®ネット」の開発・販売があります。蚊帳の殺虫効果を 5 年間以上持続し、マラリア予防に貢献するとともに、7000 人の雇用を創出して地域経済にも貢献しました。また、ユニリーバ社はインドなどにおいて洗剤やシャンプーを少量の小袋にして安価で提供（1 袋あたり 1 〜 4 円）するとともに、現地農村女性をスタッフとしてトレーニングし、衛生商品を組織的に個別販売することで女性の自立に貢献しました。この他にも、ヤクルト、ヤマハ、味の素、ソニーなど様々な企業が BOP ビジネスに取り組んでいます。

◇ 官民連携によるインフラビジネス輸出

　アジアをはじめとする新興国のインフラ需要は高まっています。情報通信などの ICT（Information and Communication Technology）分野、エネルギー、運輸交通、防災などの分野において高い技術力を有する日本への期待も大きいものがあります。近年、日本は途上国のインフラ開発を支援するにあたり、ODA と連携を図ることで、相手国の経済発展と日本の経済成長の両方を実現させようとしています。

表　インフラビジネスの分野別アクションプランと現況

分野	取組状況	日本企業による今後の取組の方向性とプロジェクト動向
ユーティリティ（エネルギー、水、リサイクル・廃棄物）	電力では再エネ・送配電等の成長分野やメンテナンスで需要が拡大。水分野では、グローバルパートナーシップによる販路の拡大、水道事業運営の参画、海外 M&A など多様化。廃棄物発電は欧州やベトナム、台湾等で受注。	エネルギーは、より一層低炭素・脱炭素電源への移行が見込まれる。JERA は、2021 年、フィリピン大手電力会社 Aboitiz Power に対する出資を決定。同国のエネルギーの安定供給を支えるとともに、脱炭素化への貢献を目指す。
モビリティ・交通（鉄道、道路、港湾、航空・宇宙、船舶・海洋開発、自動車技術）	ハードインフラの整備・改修、車両・システム等の納入、運営やメンテナンス等の受託、PPP 事業投資への出資参画。自動運転等の次世代モビリティといった、今後発展が見込まれる分野へ積極的に取り組み、日本企業が持つ優れた技術の世界展開を推進する。	維持管理・運営案件への参加、MaaS、AI によるオンデマンド交通などデジタル技術を活用したインフラシステムや気候変動対策の海外展開も期待される。エジプト国カイロ地下鉄第 4 号線（車両パッケージ、三菱商事・近畿車輛）の受注など。
デジタル（通信事業、通信機器、情報サービス業、電子小口決済）	DX への取組の推進に欠かせず、経済安全保障の観点からも重要性が高まっている。新型コロナウイルス感染症の感染拡大の影響により、テレワークの普及やオンライン会議の増加等を背景に世界の通信需要は一層の増加傾向にある。	ポストコロナを見据えた次世代デジタルに向けて有望な分野。NTT 国際通信による東南アジアを中心とした地域における光海底ケーブル整備・運営等の通信関係大型プロジェクトの受注や海外 M&A など。
建設・都市開発分野（防災、河川、建設業、不動産業）	基本スキームは、建設工事・コンサルティング業務の請負、不動産・都市開発事業への参画。今後は、PPP 事業への参画等多様化を図っていく。	スマートシティ等のデジタル技術を活用したシステムや、気候変動対策に資するシステムの海外展開を図る。ベトナム国ハノイ市エンサ下水道整備事業（鉄建建設）など。
農業・医療・郵便等分野（遠隔医療、高度医療、農林水産業 ICT、フードバリューチェーン、E コマース）	DX の活用などで堅調な需要が見込まれる分野。大企業及び中堅・中小企業によるフードバリューチェーンや医療機器メーカーの海外事業について、その事業拡大を支援し、ウィズコロナ/ポストコロナで求められるサプライチェーン強靱化にも資する取組を行う。	農林水産分野での海外市場の拡大、世界的な医療分野の関心の高まり、E コマース拡大による配送機会の増加の潮流を捉え、公的金融支援も有効に活用しつつ、海外展開を図る。新型コロナ感染症対策等に資する衛生用品等の製造・販売事業（サラヤ）など。

（内閣府・経協インフラ戦略会議の資料より作成）

インフラビジネス/輸出とは、インフラの設計、建設、運営、管理まで一連のシステムとして提供し、相手国の経済成長を図ると同時に、日本の先進的な技術、ノウハウ、制度も同時に移転するものです。事業を通じて相手国の抱える課題の解決に貢献し、これを契機に日本企業の海外展開や、エネルギー・鉱物資源の海外権益の確保も意図しています。

　日本政府は関係省庁による経協インフラ戦略会議を開催しており、2013年に「インフラシステム輸出戦略」、2020年には「インフラシステム海外展開戦略2025」を策定しました。これにより、地方自治体や地方企業により蓄積されたインフラの維持管理技術、海外投融資などの資金や技術アドバイザーの派遣など人的資源に対する官民連携の施策を盛り込んでいます。2025年の日本企業の海外における受注目標は2010年の10兆円を基準として3倍超となる34兆円とすることを掲げられています（2018年時の受注実績は、約25兆円）。インフラビジネスの分野別アクションプランと現況は、表のとおりです。

タンザニアの電力公社の研修所敷地内で、実物大の配電線で実習する研修生に電力の大切さを説く日本人技術者〔写真提供：久野武志／JICA〕

民間による国際協力についてまとめておきましょう。

・最近の新しい国際協力の取り組み方として、①市民が NGO を組織しておこなう国際協力活動、②社会起業家による公的サービス、③民間事業による直接投資や BOP ビジネス、④官民連携によるインフラビジネスの4つがある。

・NGO は民間非営利団体として、非政府かつ非営利の立場で公共の利益を追求するため、社会的弱者である他者の利益のために活動する。

・社会起業家は、地域の社会的課題を解決するために、ビジネスの手法を用いて事業に取り組み、それにより地域の人々に恩恵をひろげることを目的として活動する。

・BOP ビジネスは、低所得階層を消費者、雇用者あるいはビジネス・パートナーとしてとらえる。途上国の開発課題の解決にビジネスを通じて貢献するビジネスモデルとして近年注目を集めている。

・途上国でのインフラ建設は、設計、建設、運営、管理をパッケージとして提供する「一括システム」によるインフラビジネスが新たなインフラ支援策として導入されている。

右：インドに 1400 店舗あるとされる小売店キラナ。1回使い切りの衛生用品やインスタントコーヒーが売られている。
左：ひとつ 3 ルピー（約 6 円）のシャンプー。住民の衛生向上とともに、販売員としての女性の雇用も創出した BOP ビジネスの成功例。
〔写真提供：田中啓介／ INDIAGO!〕

プレワーク・スタディ

（1）NGO が国際協力活動をおこなう際の優位性は何でしょうか。一方で制約を受ける事項は何でしょう。

（2）JANIC などが整理した資料も参考に、日本や国際 NGO は実際にどのような分野で活動をおこない、どんな活動実績を有しているのか調べてみましょう。

ワーク1 | BOP ビジネスは基本的に薄利多売で利益を上げる事業形態であり、江戸時代より始まった「富山の薬売り」や牛乳配達なども BOP ビジネスのモデルといえます。それでは BOP ビジネスは他にどんな業種、業態の事業に向いているのでしょうか。かつての日本の商売・産業も振り返りつつ、地域住民を巻き込んだ新規事業を提案してみましょう。

BOP ビジネスに適すると考えられる業種、事業形態

①業種

②事業形態

あなたが提案する BOP ビジネスの事例

①事業目的

②事業内容

③対象地域

④対象者

⑤事業規模

ワーク2 現在、アジアをはじめとする新興国・地域においては、多くの大型プロジェクトが企画・立案されており、インフラビジネスの対象として日本企業も高い関心を持っています。一方、海外でおこなうビジネスは、日本で実施する場合と比較してどのような要素が異なると考えられますか。また、海外特有の有利な点やリスクはどのようなことだと考えられるでしょうか。例を参考に下表の空白部を埋めてください。

項　目	日本の場合	海外プロジェクトの場合
会社設立	（例）手続きは会社法など各種法律や関連マニュアルで明確に定められている。役所の許認可も一定の期日内に処理される。	（例）現地に会社法はあるが遵守されないことがある。手続きが煩雑で、役所や担当者により許認可に必要な内容や所要時間／日数が異なる場合がある。
従業員の雇用・育成		
資金調達		
販売契約		
資材調達		
工事管理／商品生産		
商品の保管・配達		
売掛金の回収		
新規事業の計画		

いろんな人から話を聞いて、東南アジアでの植林ボランティアに興味が出てきました。植林活動をしている NGO の国内事前研修会にも参加してきました。仲間と知り合えてめっちゃテンション上がりました！　早く現地へ行きたいです！

おお、いつもよりさらに熱いねえ。でも、ちょっと待って。もちろん植林活動に参加することには意義があるんだけど、せっかく国際協力について学んでいるんだから、現地に行って苗木を植えるだけで終わらせてはもったいないよ。

 えっ、もったいないって、どうしてですか？

なぜ途上国で熱帯雨林や森林の伐採が進行しているのか、調べてみたかな？　地球的な課題の一つとなっている自然環境の悪化について知り、根本的な解決策を考えることだってぼくたちにはできるはずじゃないかな。

 なるほど、そうですよね。まさに「木を見て森を見ず」になるところでした。木を植えるだけじゃなく、森を守ることも考えないといけないんですね！

環境問題については次章で詳しく学んでおこう。

Further Steps この章で議論したことをより深く掘り下げるために、以下の文献の内容を確認してみよう。

- 山形辰史『入門 開発経済学―グローバルな貧困削減と途上国が起こすイノベーション』中公新書、2023 年
- 国際協力機構（JICA）編『JICA × SDGs：国際協力で「サステナブルな世界」へ』山川出版社、2023 年
- 椿進『超加速経済アフリカ：LEAPFROG で変わる未来のビジネス地図』東洋経済新報社、2021 年
- 飯塚倫子編著『〈善い〉ビジネスが成長を生む：破壊と包摂のイノベーション』慶應義塾大学出版会、2021 年
- 大塚啓二郎『なぜ貧しい国はなくならないのか〔第 2 版〕正しい開発戦略を考える』日本経済新聞出版、2020 年
- 東洋大学 PPP 研究センター『実践！インフラビジネス』日本経済新聞出版社、2019 年

社会の課題解決に向けて、途上国ではどのようなビジネスが展開されているのでしょうか。その事業活動を調べて、国や地域の特徴と発展の可能性について確認してみよう。

ボランティア　Volunteers

　自発的に利他的な貢献をしようとする人々、およびその活動。元来は志願兵を意味しましたが、転じて、社会福祉や医療・保健、地域づくり、国際協力、環境問題など様々な分野で、自発的に無償で社会的貢献をしようとする人々やその活動のこと。日本では当初は学生や主婦が中心でしたが、1960年代後半から定着し、主婦層や一般市民にも広がりを見せています。1995年の阪神・淡路大震災を機に急速に一般市民や専門家の参加が増え、1998年のNPO法の成立につながりました。

　SDGsの観点もふまえ、近年は企業の社会的責任（CSR）としての寄付なども増えてきました。個人による従来のボランティアも含めたより広義の社会貢献・慈善活動を指すフィランソロピー（Philanthropy）という言葉も使われます。

世界の人びとのための JICA 基金活用事業　せかいのひとびとのためのジャイカききんかつようじぎょう

　国際協力に関心のある市民、法人・団体（ゆうちょボランティア貯金など）からの寄附金を基に、JICAが実施する基金活用事業。日本国内のNPOもしくは公益法人が実施する開発途上国・地域の人びとの貧困削減や生活改善・向上に貢献する活動を支援するものであり、年間収入3,000万円程度以下の活動の経験が浅い団体を支援することを目的としています。2008年より開設され、2023年時点で195件の事業が採択されました。主な実績例としては、貧困層女性・障害者等を対象とした職業訓練（栽培技術、縫製・編み物、コーヒーの品質向上、伝統工芸品製作等）を通じた収入改善事業などがあります。

PFI ／ PPP　Private Finance Initiatives ／ Public Private Partnership

　PFIはインフラの民間事業化のこと。政府や自治体の公共部門が対応してきた公共施設などの整備を、官民役割分担の下に民間の資金や能力、ノウハウを活用することでより効率的に事業を実施しようとする考え方です。

　PPPは民間活力を利用しておこなう官民連携のインフラ建設を指します。インフラ事業は、事業規模、当該国の政策、制度などに起因するリスクや収益性の観点から、民間事業単独では実現が難しい場合も多く、官民がパートナーシップを構築し事業リスクを適切に分担することで、事業を実現可能とし、開発効果の増大と成長を加速することを目指しています。

グローバルサウス　Global South

　グローバルサウスにはまだ明確な定義はなく、該当する国家のリストもありません。一般的にはアフリカやアジア、南アメリカなど南半球に多く位置する新興国や発展途上国の国々をまとめて急成長する国々の総称となっています。インドやサウジアラビアなど北半球の国も含まれており、中国が入るか見方が分かれるものの、総数は100カ国に及ぶといわれています。23年に人口数でその中国を上回ったインドは中心的な存在と目されています。経済・外交・安全保障の面から一枚岩とはいえませんが、総じて発言力を強めており、これからのグローバル社会を考えるうえで重要な地域・国々となっています。

第Ⅲ部

課題を知る

　第Ⅲ部では国際協力のテーマの中で、21世紀には真剣に取り組まざるをえない課題を取り上げます。環境問題、エネルギー問題、食糧問題、感染症問題、そしてグローバリゼーションの問題です。これらは国境を越えて先進国と途上国が力を合わせて取り組むことなしには解決が難しいことから、地球規模の課題とも呼ばれています。

　合わせて、過去半世紀の国際協力の歴史的な変遷について学び、今後を展望します。2015年を新たな出発点として展開しつつある新しい国際協力のあり方について一緒に考えてみましょう。

第 13 章

地球規模の課題

いま取り組まないと手遅れに

　環境問題、エネルギー問題、食糧問題、感染症問題などは、グローバリゼーションにともなって、今や途上国だけにとどまらない地球規模の課題となっています。日本に住む私たちの生活にも直接的な影響をもたらすようになってきました。

途上国の低所得者層を対象とする BOP ビジネスで彼らの生活を向上させることも国際協力といえるんですね。でも、それって結局、先進国が途上国を経済的に搾取することにつながらないのか、心配になってきました。

搾取というほど単純な構図ではないと思うよ。途上国が経済的に発展して、先進国の商品を買ってくれるようになることで、結果的にみんなが豊かになれるわけでしょう。ただ、そのためにいろんな問題が発生しているのも事実だね。

そういえば中国の人たちが日本に爆買いツアーに来て話題になりましたね。中国は経済発展をした代わりに公害や食品汚染などの問題を抱えてしまって、日本の安全な商品が人気だと聞きました。

経済的な発展はつねに諸刃の剣で、思いがけない結果をもたらすことがあるからね。途上国で問題解決が進まなければ、日本に暮らすぼくたちにも影響が出てきてしまうから、対岸の火事なんて言っていられないよ。

石油・天然ガスなどのエネルギー資源や食糧をめぐっては紛争も起こっています。

紛争による難民の影響も大きいね。EU 諸国は大量に押しよせたシリア難民の受け入れで深刻な問題を抱えている。多くの人々が国境を越えて往来するということは感染症が広がる危険も増大するから、途上国の衛生状態を早く向上させなくちゃいけないんだ。

熱帯感染症は熱帯気候化する東京ではすでに現実的な脅威になっていますよね。

環境、エネルギー、食糧、それに感染症など、グローバル化によって、それぞれの問題の規模も地球化してきているんだ。

問題が地球規模なら、解決策も地球規模で考える必要があるということですね。

第3部では、国際協力が今後、真剣に取り組むべき21世紀的な課題を取り上げます。第13章では環境問題、エネルギー問題、食糧問題、感染症そしてグローバリゼーションの問題を検証します。

◇ 環境問題

19世紀に始まった産業革命は地球の様々な地域で経済開発を急速に進展させ、大量生産－大量消費－大量廃棄という生活様式を広めていきました。しかし、やがてその副作用として環境の汚染が広がり生命を脅かすまでになりました。1972年、過度な経済開発に警鐘を鳴らすローマ・クラブの報告書「成長の限界」が出版されました。その後も1980年に「西暦2000年の地球」と題するレポートが時のカーター政権の手でまとめられました。1992年の「環境と開発に関する国際会議（UNCED）」、2003年の「持続可能な開発に関する世界首脳会議（WSSD）」でも行き過ぎた経済開発に警告を発しています。現在は、経済開発が地球温暖化を引き起こし、海面上昇を招き、ひいては洪水や地滑りなどの自然災害を激化させるという主張が有力です。自然災害も実は人災であるとの主張を婉曲に展開しているのです。

また、水俣市のように、自らの苦い経験を途上国の環境行政改善のヒントとして提供し、国際的な公害防止のリーダーシップをとる活動も継続的に実施されています。この研修は継続的に行われ、水俣市の熱い思いを受け継いだ行政官が東アジアや東南アジア各国に累積し、彼ら自身がネットワークを維持しつつ環境保全の取り組みを協働して進めています。水俣市から助言のために途上国を訪問することもおこなわれています。これは一つの例ですが、日本が経験した苦い思いとその克服過程を教材として提示し、途上国の人々に疑似体験させ、「学び」を広げる運動がODA予算を使って実施されています。

同様に、環境関連の法案作成支援、汚染物質の検出能力の向上、環境監理施設のネットワークづくり、全国レベルの環境モニタリング、汚染源への立ち入り指導、環境保全のための環境教育や市民参加の促進など、公害対策を進める上での一連の活動が途上国に伝えられています。かつての日本の負の遺産としての経験は、他国の組織的取り組みに活かされつつあります。

　さらに厄介なのは、**国境をまたいで広がる汚染問題**です。海洋汚染、有害廃棄物の違法投棄、オゾン層破壊、CO_2 排出などの取締りのため各国は法律を制定していますが、国境を越えるとその法律はそのまま適用されないため、問題は複雑化しているのです。有害物質の違法投棄については 1992 年に発効したバーゼル条約、オゾン層破壊については 1987 年に採択されたモントリオール議定書、CO_2 排出については 1994 年に発効した気候変動枠組み条約を受けて 2005 年に発効した京都議定書が存在していました。しかし、これまでは米国が負担の大きさを懸念して批准を拒否するなど、CO_2 排出の対策をめぐる各国の足並みはなかなかそろいませんでした。有害物質の投棄問題やオゾン層破壊物質の排出規制についても、関係国間で取り組み方をどうそろえるか、そのための国際的な約束をどのように形成するか、さらに、その執行をどのように組織的に進めるかについては、合意の形成に苦慮していたのです。

　2015 年 12 月、パリで開催された国連気候変動枠組み条約第 21 回締約国会議（COP21：気候変動パリ会議）において、すべての国が参加する 2020 年以降の地球温暖化対策の枠組み「パリ協定」がついに各国で合意・採択されました。あらゆる国が温暖化の危機意識を共有化することにより、世界は大きな一歩を踏み出したといえます。2021 年の COP26 ではパリ協定に沿って具体的なルールの交渉が行われました。①石炭火力発電の縮小、②平均気温上昇を 1.5℃に抑える努力目標の設定、③温室効果ガス削減量の二重計上防止策が合意されました（エネルギー庁 HP）。ただし世界最大の CO_2 排出国の中国の目標は 2030 年までに GDP 一単位あたりの CO_2 排出量を 2005 年度比 65％減および 2060 年時点でゼロとするというもので、かなり緩やかな目標値であり、その間温暖化がさらに進行しないか危惧されます。

　また 2022 年 2 月に勃発したウクライナ戦争でロシア産天然ガス供給が制限された影響により旧来の石炭火力を復活させる国も出てきており、温暖化対策は逆風にさらされています。一方では、ここ数年、中国の大気汚染が深刻化する中で、PM2.5 と呼ばれる発がん性のある大気汚染物質が日本にも流れ込んでくる事態が発生しています。また、福島の原発事故の収拾が遅れる中、放射性物質を含んだ汚染水が海に流出するといった事態も頻繁に発生しています。国境を越えて汚染が広がり感情的な対立に至る前に、モデルとなる取り組みとその経験の共有が期待されています。

◇ エネルギー問題

　エネルギー問題はどうでしょう。現在、世界の人口約60億人のうち4分の1に過ぎない先進国の人々が、約4分の3のエネルギーを消費しています。一方で、天然エネルギー資源には限りがあり、石油が41年分、石炭は164年分、天然ガスは67年分しか残っていないとされています。中国やインド、ブラジルなど人口の多い途上国の経済発展が進むにつれ、これらの国々のエネルギー消費量は増大し、今後、エネルギー価格（中でも石油価格）は年を追うごとに急速に高騰すると想定されています。

　それでは、どのような対策が取られているのでしょうか。既存のエネルギーの効率的利用を進める省エネ技術の普及や、太陽光・風力・バイオマス・波力・地熱など代替エネルギーの開発、原子力エネルギーの安全な利用拡大など、技術的な手段はその一つです。1970年代、第四次中東戦争の勃発により石油価格が高騰し、オイルショックと呼ばれる経済停滞を引き起こしました。このような事態を防ぐため、中東地域の安定化を支援することは第二の方策として必要です。加えて、先進国に住む私たちができるだけ自家用車を使わないで公共交通機関を利用するなど簡素な生活を送るよう心がけることも、実は求められているのです。

植林用の苗木を手にするケニアのモデル農家グループの女性。この地域では植林も盛んにおこなわれている。
〔写真提供：久野武志／JICA〕

◇ 食糧問題

　みなさんは食糧問題と食料問題の違いはわかりますか。食糧問題とは主食である穀物の供給の問題、そして食料問題とは穀物以外の食べ物も含めた食品の供給の問題です。現在の日本は食料についていえばその自給率は40％前後ですが、経済

力を駆使して世界中から食料を輸入し、豊かな食生活を送っています。しかしその恵まれた状況も長くは続かないと予想されています。なぜなら、2006-07年の食糧（穀物）の全世界生産量20.2億トン（FAO統計）に対し、今後2030年にかけて人口の増加と生活水準の高度化により毎年5億トンの食糧不足が生じる（ワールド・ウォッチ推計）と予測されているからです。お金があっても、価格が高くて買えないという時代は実はすぐそこに来ているのです。

続いて途上国の状況を見てみましょう。2000-02年の途上国の穀物生産量は10.2億トンです（FAO統計）。FAOでは途上国の8.15億人の人々が栄養不足状況にあったと報告しています。将来に向けての推計の中で、開発途上国での栄養不足人口は2003-05年の16.3％から、2050年には4.8％に減少するとしています。しかしそれでも3億7000万人の人が栄養不足を脱却できないのです。これまで食糧増産のために灌漑施設の整備、高収量品種の普及、収穫後貯蔵施設の整備、流通段階での損耗を減少させる保存技術の普及、食品加工技術の普及などに加え、農民の組織化と農協の設立などの対策がとられてきました。しかし1970年代の「**緑の革命**」（品種改良や化学肥料、農作業の機械化などにより達成された穀物の大量増産）の時代に比べると、新たに農地を準備できる見通しは薄いとされています。

国際協力キーワード

生物多様性条約　せいぶつたようせいじょうやく

　環境分野の国際協力のテーマに生物多様性の保全があります。生物の多様性を守る重要性は、気候変動など環境の激変に見舞われたときに、食物連鎖を守り、種の分布の激変を防ぎ、ひいては、人類への影響を吸収するあるいは緩和するところにあります。また生物の持つ遺伝資源から得られる利益を持続的に利用するという実利的な観点からも推進されてきました。ワシントン条約やラムサール条約は絶滅危惧種の移動の禁止や生息域の保全を求めていますが、生物多様性条約は地球上の生物すべてを対象とし、これを保全するために「生態系の多様性を守る」「種の多様性を守る」「遺伝子の多様性を守る」ための措置を条約締結国に求めています。日本は生物多様性条約に基づく国際協力に対し多額の財政支援をおこなってきており、環境分野の国際貢献をアピールする際にこの条約をよく引用しています。

ネリカ米　ネリカまい

　ネリカ米とは New Rice for Africa からの造語で、1994年に西アフリカ稲作協会（WARDA）で開発されたアジア米とアフリカ米の交配種です。生育が早く、乾燥や雑草および病害虫に強く収量も多いネリカ米は、畑で栽培される陸稲で、灌漑施設の不十分な地域での米の生産を可能にするとされており、サハラ以南のアフリカにおける食糧問題の緩和に役立つと期待されています。

その背景には、耕地の土壌劣化、工業用水や生活用水との水資源の競合状況の激化、異常気象の頻発による農業用水確保の不確実性の増大があるといわれています。

　2022年2月に勃発したウクライナ戦争はこの不安を的中させました。小麦の供給国であるロシアとウクライナでは黒海からの積み出しができなくなり、その影響は中東やアフリカなど食糧輸入国を直撃しています。加えて肥料の輸入も困難となり、自力での増産にも制約が生じています。

◇ 感染症問題

　地球規模で見た場合、人の死因の3分の1は感染症によるといわれています。なかでも、エイズ・結核・マラリアは**3大感染症**と呼ばれ、外務省のデータ（2009年）によれば、年間に400万人以上が死亡しているとされています。サブサハラ・アフリカではエイズとマラリア、中国では結核、インドでは麻疹と結核、その他のアジアでは結核とマラリアが深刻です。中国、インド、タイではエイズの増加が問題となっています。2019年からはこれに新型肺炎（COVID19）が加わりました。

（1）エイズ（HIV/AIDS）

　感染症は途上国だけの問題と片付けることはできません。エイズは初期の流行は麻薬常習者の注射器の使い回しで広がり、さらに不特定多数との性交渉により拡大しました。アフリカの内陸部では売春婦と性接触した長距離トラック運転手が国境を越えて感染を拡大させ、やがて感染を家庭に持ち込むことになったといわれています。2012年の国連合同エイズ計画の統計では、2011年に世界で累計3400万人が感染、同年の新たな感染は250万人、同年の死亡は170万人とされています。サハラ以南アフリカでは20人に1人がHIV陽性、世界の69％を占めるとされています。南・東南アジアでは400万人、東アジアは83万人が感染者とされています。日本でも、性行動が活発化する年齢が下がるにつれ、避妊具を使わない危険な性交渉が若者の間に広がり、感染が拡大しつつあります。

（2）結核

　結核は途上国からの移民が多い欧州では深刻な問題となっています。日本でも

途上国から来日した不法滞在者やホームレス、そしてエイズ患者の間に感染が広がっています。2003年から小中学校での予防接種が廃止されたことから、免疫がない若年層間での感染も増えています。国際協力・結核国際情報センターのウェブサイトによれば、WHOの2013年の統計をもとに、途上国の3人に1人が感染し、毎年900万人が新たに発病し、150万人が死亡すると推計しています。特効薬があっても貧困ゆえに治療を完了できない患者が多いため、感染が抑えられない状況です。このまま放置すると、いずれは日本にも広がる可能性は否定できません。

(3) マラリア

マラリアはハマダラ蚊を媒介にマラリア原虫が体内に注入されて感染する病気です。適切な治療が施されないと死に至ります。2009年のマラリアによる年間罹患者は2億2500万人。死者はアフリカを中心に年間約78万人といわれています。2013年には罹患者1億9800万人、死者58万4000人に減少していますが、これはアフリカで殺虫効果のある蚊帳が普及したためといわれています。しかし油断はできません。ハマダラカは熱帯性の蚊ですが、地球温暖化に伴い徐々にその生息域を北上させています。日本でも、もともと土着マラリアが存在していたことから、媒介役のハマダラカが広がれば流行の可能性は否定できません。海外帰国者が持ち帰る例も毎年100例前後存在するといわれています。東京の気候の熱帯化を示す現象も起きています。たとえば東南アジアで深刻な問題を引き起こしているデング熱は、やはり熱帯性の蚊であるネッタイシマカおよびヒトスジシマカが媒介しますが、都市部を中心に感染が広がる傾向があります。第二次大戦中の日本では、日本にも生息するヒトスジシマカにより媒介され、長崎や広島、神戸、大阪などで20万人が発病しました。その後も小規模な発生が確認されています。2014年夏、東京の代々木公園でデング熱に感染した人が国内各地で二次感染を広げ不安が広がったことはまだ記憶に新しい異変ですが、夏の猛暑が恒常化する中で、対応を誤ればさらに大規模に感染が広がることは容易に想像できます。国内でのマラリアの発生にも警戒が必要です。

(4) 新型感染症

2009-10年に発生した新型インフルエンザの世界的流行は、感染症対策の遅れ

や水際対策に頼る安易な姿勢が深刻な事態を招きうるという事実を私たちに突きつけました。2015年韓国におけるMERSの感染拡大は、病院の感染症管理態勢の不備により深刻な事態を引き起こしました。韓国で起こることは日本でも起こりえます。次に来るのが死の病である可能性は否定できません。途上国の感染症に対する取り組みを支援し、持ち込まれる可能性を減らしていくことは、実は日本で暮らす私たちの健康を守ることにもつながっているのです。

（5）新型肺炎（COVID19）

　2019年からは新型肺炎（COVID19）が猛威をふるっています。その拡がりは地球規模に達し、南アフリカやインドでのワクチン接種の遅れは新たな亜種を生み、終息の見通しは立っていません。2022年6月現在世界全体の感染者は5億4400万人（米国8710万人で1位、インド4340万人で2位、南アフリカ399万人で29位）、死者は633万人（米国が101万人で1位、インドが52万5000人で3位、南アフリカは10万2000人で16位）となっています。2023年現在でも新しい亜種が次々と検出されています。ワクチンの世界同時接種が求められています。

　今後、温暖化がさらに進みシベリアの永久凍土が溶解すると、これまで閉じ込められていた炭疽菌など古代の病原菌が解き放たれ、人類に災厄をもたらすのではないかと警鐘が鳴らされています。

ウガンダで活動する青年海外協力隊員にとってマラリア対策の蚊帳は必需品。停電の多い週末はランプを使用し、水は井戸から汲み置きだが、「慣れれば快適」と笑う。〔写真提供：佐藤浩治／JICA〕

◇ グローバリゼーション

　グローバリゼーションは中国語では「全球化」です。政治や経済、文化などが地球規模で拡大し、均質化することをいいます。1990年に東西冷戦が終了し、米国の主導する資本主義にもとづく社会・経済システムが世界で支配的な制度となりました。旧社会主義圏に属した中国、ソ連、東欧やその他の地域の諸国も資本主義の社会経済システムを採用することとなり、地球規模で制度の変更がおこなわれています。時を同じくしてインターネットの導入が進み、情報の入手は誰でも、どこでも、国境を越えた外国からでも容易におこなえるようになりました。ひとつの制度で世界が統一されれば、国際的な商取引も含め様々な交渉ごとが同じ規則の下で実施されスムーズに展開することとなります。そこに新しい情報技術が加われば、より合理的な社会経済の仕組みづくりに必要な知識を得ることが容易になります。そこで、これまでは当たり前と思って守ってきた私たちの生活のあり方を、世界の標準に合わせて変えていこうとの動きが出てきたのです。

　グローバリゼーションがもたらす変化は、経済、技術、文化と生活の幅広い側面を覆います。経済的な側面を見ると、貿易の自由化、金融の自由化、新しい生産技術の導入、商取引の自由化、競争的市場の拡大への動きが活発化しました。しかし経済活動の効率向上の恩恵を受けてより豊かになったと考える人ばかりではありません。これまで自分たちを守ってきた規制が壊され、競争社会に組み込まれたことで生活が苦しくなったと考える人も出てきました。

　社会や経済が大きく変化するとき、資金・情報・技術・組織力を備え、自らに合わせて他者に合理化を求める側に立つことができる人々にとっては、変化は苦痛ではありません。自らに都合の良い形で変化を方向付けできるからです。しかし、これらの力を欠いている人々には、他者のペースで合理化を要求され、変化に翻弄されることとなります。グローバリゼーションの本質を「**アメリカ化の要求**」と喝破し、途上国の反発は当然とする意見を述べる研究者もいるほどです。

◇ 弱者に配慮した貿易システム

　貿易のルールづくりは世界各国が参加しておこなわれるとはいえ、これも資金・情報・技術・組織力を備えた国々に有利なものが作られてしまいます。**貿易の自**

由化がもたらす影響として食糧の生産について確認してみましょう。安く大量に穀物を生産できる国が穀物の貿易自由化のルールをつくり、そのルールを盾に穀物を輸出するとどうなるでしょうか。同じように穀物を生産する力のない国は、自国の農業を育て食糧自給率を保つことができなくなります。食糧価格が投機や気候変動の影響を受けて高くなると購入が難しくなり、食糧が確保できなくなります。農業は年に1〜2回自然のサイクルに沿って生産する産業ですから、価格が上がったからといってすぐに自国での生産に切り替えることはできず、場合によっては飢餓が発生してしまいます。穀物貿易のルールづくりがもともと有利な条件に恵まれた国々に支配されると、生産性の低い国々の人々の生活はルールを作る側の国々の意向に翻弄されてしまうのです。

　貿易の自由化が途上国にとってどのような結果をもたらすかがわからずに、言われるがまま自由化を進めると、途上国は大きな損害をこうむることになります。そこでその影響を推計し、どのように自由化を進めるか、そのステップの組み立てを一緒に検討する技術協力が展開されてきました。

　一例として世界貿易機関（WTO：World Trade Organization）への加盟があります。WTOは貿易の自由化を進める国際機関ですが、その加盟国になり自由貿易の恩恵を受けるには、権利と義務を規定した複数の協定を守ることが定められています。途上国がその協定を受け入れることの損得をきちんと理解したうえで、主体的な判断がおこなえるよう、各国の経済を分析したうえで自国の損得を推計するための技術協力が、1990年代の後半から現在に至るまでおこなわれています。たとえば中国は1995年にWTOに加盟を申請し、2001年に正式加盟を果たしま

世界貿易機関　せかいぼうえききかん　WTO：World Trade Organization

　貿易の自由化を目指す一般協定交渉（ＧＡＴＴ）の終結を受けて、国連の機関として設立されました。物品の貿易だけでなく、サービスや知的所有権の国際的な売買も対象とし、ルールどおりの取引がおこなわれているかを監視し、ルール違反に対しては対抗措置を承認するなど紛争処理の権限をもっています。加盟国になれば自国の産品の輸出増に直結することから、多くの移行経済国が加盟を目指して関連協定を研究しています。移行国が国際市場に出て行く際に、コピー商品の販売などの違法行為を自ら取り締まらせることができれば、国際貿易の円滑な運営と秩序ある拡大が可能となるので、ＷＴＯ関連協定の理解を促進するための技術協力が日本をはじめとする先進諸国により移行国に対しておこなわれてきました。グローバル化の受け入れを促進する意味合いを持った国際協力と整理できます。

したが、その間、WTOの協定の解釈およびそれが中国へもたらす影響について、日本は数多くの研修や視察の機会をもうけて、中国の実務担当者がその全体を把握した上で自立的な判断ができるように技術協力をおこないました。旧社会主義圏の諸国を**移行国**と呼びますが、他の移行国に対しても同様の技術協力がおこなわれました。ミレニアム開発目標が設定される以前に、すでに日本は途上国の立場にたって貿易自由化の負の側面を緩和する協力をおこなってきたのです。

◇ 弱者に配慮した金融システム

　金融の自由化についてはどうでしょう。情報技術の発展により、資金が瞬時に国境を越えて移動することが可能となりました。移動を管理するルールづくりが資金・情報・技術・権力を備えた国々に支配されると、資金を受け入れている国々の経済運営は不安定なものになってしまいます。その一例が1997年にタイの通貨バーツの暴落をきっかけとして起こった**アジア通貨危機**でした。当時、タイを始めとした東南アジア途上国はめざましい経済成長を遂げていたため、海外から多くの投資がおこなわれていました。しかし、やがてバーツが高騰すると貿易赤字が拡大し、株や不動産価格も高騰から急落へとタイの経済は不安定化し、大量の資金が瞬時に国外に引き上げられてしまいました。その結果、タイだけでなくアジア各国で倒産や失業が発生し、経済に大打撃をこうむりました。また、2008年に米国で発生した金融危機（リーマン・ショック）のときには、欧米の金融機関が大量の資金を調達するために途上国に融資していた資金を引き上げました。その結果、途上国の経済は大きく混乱しました。欧米の混乱に途上国の人々の生活が翻弄されたわけです。

　国際協力ではこの事態にどのように対処しているのでしょう。短期資金の移動を規制するルールづくりはなかなか進んでいません。しかし、債務の返済については、途上国側への配慮が、限られた形ながら出てきました。重債務貧困国（重い債務を抱えた貧困国という意味。HIPCs：Heavily Indebted Poor Countries と呼ばれる国々）に対しては、グローバルに共通の返済ルールではなく、**特別な救済措置を含む優遇されたルール**を適用することになりました。この措置は重債務貧困国側の窮状があまりにひどく、従来の返済ルールを課すことは人道的に問題があるとの判断です。すでに有利な立場にある国々にとっては「本当はいやだけれ

ど特別措置を採らなければ相手が国として破綻し、さらに大きな問題が出てくるので仕方ない」としぶしぶ応じたわけです。借りる側にとって有利なこのルールが、きわめて限定的であるにせよ、適用されることとなりました。欧州金融危機の発端となったギリシャの債務返済も、ギリシャが先進国に分類されていたことを勘案すると想定以上に緩やかな返済条件で折り合ったとされています。経済の持続可能性に配慮して返済条件を設定するという考え方が先行していたことにより、その恩恵が先進国にも及んだわけです。

◇ 情報技術の格差は不利な立場にいる人をますます貧しくする

　コンピュータ同士をつなぐこのコミュニケーション技術はその圧倒的な便利さと効率性ゆえに、私たちの日々のコミュニケーションや意思決定の方法、組織のあり方を大きく変えてきました。それにしたがって国の経済、技術、文化のあり方も変わりました。ますます速く機敏に物事を処理することが求められ、モノやお金のやりとりに関するルールを共通のものとし、より便利な世界にしようとする力は抗いがたいまでに世界を覆ってきました。落ち着いてじっくりと物事を処理することはできなくなり、受け付けられなくなっています。日常感覚でいえば、これがグローバリゼーションです。このグローバリゼーションの流れは、資金・情報・技術・権力を持つものをさらに富ませ、持たないものは翻弄されることになります。ミレニアム開発目標の中で取り上げられた対応策では、この格差の拡大に歯止めをかけることは
難しいとわかってきました。
情報技術の力をどのように
使えば、不利な立場におか
れた人々のためになるのか
は、今後の国際協力の大き
な課題として今も私たちに
突きつけられているのです。

タンザニア

地球規模の課題についてポイントをまとめておきましょう。

- 環境問題、エネルギー問題、食糧問題、感染症問題、グローバリゼーションの問題は地球規模の課題として、私たちの生活に直接影響している。

- **環境問題**
  ① 環境問題は経済成長の副作用としてとらえられ、成長を抑制すべきだとの議論が繰り返しおこなわれてきた。
  ② 産業公害問題については規制のための法律づくり、汚染度合いの調査能力育成、摘発および取締りのための組織強化、環境行政を担う自治体間支援ネットワークづくりが進められている。
  ③ 国境を越えた汚染、違法廃棄物投棄、オゾン層破壊、CO_2 排出規制については国際約束が形成され対応が進んでいるものと、いまだ合意形成の段階にとどまっているものが混在し、対応に時間がかかる。時間がかかれば問題は深刻化する。

- **エネルギー問題**
  ① 石油・石炭・天然ガスの資源量が減少していくなかで、価格が高騰することにより中期的にはエネルギー問題は深刻化していく。
  ② 代替エネルギーの開発、原子力の利用、石油産出地域の政治的安定を図るとともに、質素な生活で消費量を抑えることで貢献できる部分もある。

- **食糧問題**
  ① 穀物の生産量が需要に追いつかないという問題。2030 年には需要量の4分の3しか生産できず、飢餓が発生するという予測もある。
  ② 価格高騰によりお金で買えない事態もありうる。自給率の低い日本でも問題は深刻になる。
  ③ 農耕適地の大幅な拡大は望めない。食品の廃棄を減らし、肉食を控え、食糧の効率的な活用をはかることは日本人の課題でもある。

- **感染症**
  ① エイズ、マラリア、結核は3大主要感染症と呼ばれ、途上国の主要な死因をなす。アフリカはエイズとマラリア、中国とインドは結核が深刻だがエイズが増えつつある。
  ② 性行動の活発化が低年齢層に及び、日本でも若者の間にエイズ感染が拡大。結核は感染拡大の可能性がある。マラリアも温暖化により媒介役の蚊が日本で繁殖すると感染が広がる可能性がある。
  ③ 途上国での感染症の解決は、日本人の健康を守ることに直結しており、国際協力は自分たち自身のためにも必要。
  ④ COVID19 対策としてワクチンの世界同時接種が必要。

・グローバリゼーション

① 資本主義の社会・経済システムを、インターネットを媒介にして全世界に広める動き。資金・情報・技術・権力を備えた国々が、自国に都合のよいルールを広めようとすることから、これを受け入れる側は、経済、技術、文化と生活の幅広い側面に渡って適応を強いられ翻弄される。

② 貿易および金融システムは先進国に有利な形で形成されるため、不用意な自由化で悪い影響をこうむらないように、そのもたらす結果を想定して対応できるようにする技術協力が実施されてきた。しかし今も大きな課題である。

③ ミレニアム開発目標では、貿易および金融の自由化がもたらす影響が途上国特に最貧国に極端に現れないように、農産物の貿易、債務の返済について特別の配慮を求め、また情報技術の普及を後押しする姿勢を示した。解決は相当困難で今も大きな課題である。

④ グローバリゼーションの正の側面が途上国に届くよう、また負の影響が極端に現れないように制御していくことは今後の国際協力の大きな課題である。日本人の私たちにも貢献が求められている。

プレワーク・スタディ

地球規模の課題の中でも、大気汚染、エネルギー問題、食糧問題、感染症対策、開発金融の問題は日々のニュースに登場します。キーワードで検索すればたくさんの情報にアクセスできます。以下の質問を手がかりに、情報の整理をしてください。

(1) 地球温暖化を抑制するために、先進国および途上国で様々な対策がとられていますが、日本の代替エネルギー開発の中でトップシェアにあるのは何でしょうか。そこから生み出されるエネルギーは原発何基分に匹敵するでしょうか。その次に大きい代替エネルギーは何ですか。

(2) 日本の穀物自給率はどのくらいありますか。食料自給率は何パーセントですか。

(3) タイ政府が実施したエイズ対策の施策を5つ挙げてください。

(4) 途上国にとって有利な形で開発資金を調達する方法を挙げてください。

グループワーク課題

 以下の地球的規模の課題から5つ選び、(a) 放置した場合の5年後の最悪のシナリオおよびその対処コスト、(b) 日本がいま国として取るべき措置とその場合の5年後の対処コスト、(c) 私たちがいま市民として取るべき措置、についてキーワードを書き込んでください。

	地球的規模の課題	(a) 放置した場合の5年後の最悪のシナリオおよびその対処コスト	(b) 日本がいま国として取るべき措置とその場合の5年後の対処コスト	(c) 私たちがいま市民として取るべき措置
①	温暖化			
②	産業公害			
③	国境を越えた汚染			
④	エネルギー資源			
⑤	食糧不足			
⑥	エイズ			
⑦	マラリア			
⑧	結核			
⑨	新型感染症（含 COVID19）			
⑩	農産物貿易の一層の自由化			
⑪	短期資本の流入・流出の自由化			
⑫	最貧困国への債務削減			
⑬	先進国（ギリシャなど）への債務削減			
⑭	最貧困国の輸出優遇			
⑮	IT インフラの途上国への導入支援			
⑯	IT による情報拡散への規制、リスク管理能力強化			

第Ⅲ部

グループワーク課題

ワーク2　上記の地球的規模の課題について、国としてとるべき措置に優先順位を付してください。あわせてその理由を述べてください。

ワーク3　上記の地球的規模の課題について、市民として取るべき措置に優先順位を付してください。合わせてその理由を述べてください。

ワーク4　作業グループ間でワークシートを交換し、同じ課題を取り上げて回答が違っていれば、理由を確認してください。

グローバリゼーションってつまり世界中がライバルみたいなものですから、途上国の人たちは不利ですよね。幕末の日本は列強の植民地にされまいと必死で技術を吸収し短期間のうちに経済を発展させましたが、同じようなことはこの時代にはもう無理なんでしょうか。

当時の日本は西洋の高度な技術を吸収して、それを日本化していったよね。「導入と適応」（Adopt & Adapt）がうまくいった好例だね。たしかに技術水準の格差は大きかったけど、日本政府は外国人の技術者を招いて総理大臣クラスの給料を支払ったりして、かなり努力したんだよ。幸いなことに当時はまだライバルも少なかったから、日本の努力が報われたんだね。

　今は韓国、中国、インド、ブラジルなどがどんどん工業化していますから、後発の小さな途上国が成功するのは大変ですよね。結局、グローバリゼーションは格差を広げるだけで、途上国にとってはいいことなんかないのではないでしょうか。

でも、グローバリゼーションの負の側面についての理解も深まってきて、うまくコントロールしようとする動きもあるんだよ。それに、インターネットを使えばどこにいても情報が瞬時に入手できるんだから、ある意味ではチャンスの平等化ともいえる。ぼくたちが支援できることもたくさんあるよ。

　そうか。日本は西洋の技術を導入して適応させた経験があるので、途上国の人々が技術を導入して使いこなすことのお手伝いができるかもしれませんね。

ぼくもそう思うよ。「ともに考え、ともに働き、ともに解決する」（Think Together,Work Together, Solve Together）がグローバリゼーションの時代に途上国の人々と向き合う基本姿勢じゃないのかな。

Further Steps　この章で議論したことをより深く掘り下げるために、以下の文献の内容を確認してみよう。

- 国際協力機構『日本の保健医療の経験』国際協力総合研修所、2004 年
- 岡田晴恵『感染症は世界史を動かす』ちくま新書、2006 年
- ジョセフ・E・スティグリッツ『世界を不幸にしたグローバリズムの正体』徳間書店、2003 年
- 大野健一『途上国のグローバリゼーション』東洋経済新報社、2004 年
- 北村かよ子ほか「アジア危機とはなんだったのか」渡辺利夫編著『アジア・ルネッサンスの時代』学陽書房、2000 年
- オードリー・タン『まだ誰も見たことのない「未来」の話をしよう』SB 新書、2022 年

国際協力の潮流

第 14 章

貧困削減への回帰

　国際協力の仕事の舞台は、JICA に代表される ODA の実施機関をはじめ、数多くの NGO や NPO、また国内外の民間企業、果ては個人での起業とたいへん多様化しています。志とアイデアさえあれば実現すると言っても過言ではありません。このときに活動の指針となったのが、第 1 章でも登場した「ミレニアム開発目標」です。2000 年 9 月の国連ミレニアム・サミットで合意した開発目標は、具体的な 8 つの目標に整理され、その達成年を 2015 年としました。そして 2015 年 9 月の国連サミットでは、これまでの活動の総括を経て、「持続可能な開発のための 2030 アジェンダ」において新たに 17 ゴール・169 ターゲットからなる持続可能な開発目標（Sustainable Development Goals: SDGs）が採択されました。

 ミレニアム開発目標って、2015 年には実現されるはずだったのに、まだまだ達成にはほど遠かったんですよね。

2000 年からの 15 年間でかなり改善されたものもある一方で、気候変動や中東・中央アジア地域の政情の悪化など、予想外の要素も多かったからね。とくに成長から取り残された人たちの住む地域との格差や国内格差の解消は今後の大きな課題だね。

 そうした課題への新たな取り組みとして、2016 年からは 2030 年に向けた「持続可能な開発目標」に移行しました。

その SDGs では、持続可能な環境や社会を実現するためにすべての国が取り組む「ユニバーサリティ」とか、「グローバル・パートナーシップ」といった言葉が使われている。地球上のすべての人の安全と幸せを達成しようという力強い意志を感じるよ。

 でも、格差や環境の問題は大きすぎて、どこから手をつければいいんでしょうか？　戦争による難民問題や、テロやクーデターのニュースを聞くと、私たちにできる協力は根本的な解決にはならないのかなとも思ってしまいます。

戦争とか天災とか、ぼくたちの力の及ばないことを考えれば無力だと感じてしまうけれど、そこは割り切りも必要じゃないかな。それでも自分にできることはいくらでもあるってことに気づけると思うよ。母子手帳という小さなアイデアがたくさんの妊婦さんと赤ちゃんの命を救ったみたいにね。

 そうですね。でも 2022 年にはウクライナ戦争が勃発。石炭火力発電を再稼働させたり、肥料や小麦の輸入が STOP したり、逆風にさらされていますね。心配です。

● 持続可能な開発のための 2030 アジェンダ（SDGs）

目標1 あらゆる場所のあらゆる形態の貧困を終わらせる

目標2 飢餓を終わらせ、食料安全保障及び栄養改善を実現し、持続可能な農業を促進する

目標3 あらゆる年齢のすべての人々の健康的な生活を確保し、福祉を促進する

目標4 すべての人々への包摂的かつ公正な質の高い教育を提供し、生涯学習の機会を促進する

目標5 ジェンダー平等を達成し、すべての女性及び女児の能力強化を行う

目標6 すべての人々の水と衛生の利用可能性と持続可能な管理を確保する

目標7 すべての人々の、安価かつ信頼できる持続可能な近代的エネルギーへのアクセスを確保する

目標8 包摂的かつ持続可能な経済成長及びすべての人々の完全かつ生産的な雇用と働きがいのある人間らしい雇用（ディーセント・ワーク）を促進する

目標9 強靱（レジリエント）なインフラ構築、包摂的かつ持続可能な産業化の促進及びイノベーションの推進を図る

目標10 各国内及び各国間の不平等を是正する

目標11 包摂的で安全かつ強靱（レジリエント）で持続可能な都市及び人間居住を実現する

目標12 持続可能な生産消費形態を確保する

目標13 気候変動及びその影響を軽減するための緊急対策を講じる

目標14 持続可能な開発のために海洋・海洋資源を保全し、持続可能な形で利用する

目標15 陸域生態系の保護、回復、持続可能な利用の推進、持続可能な森林の経営、砂漠化への対処、ならびに土地の劣化の阻止・回復及び生物多様性の損失を阻止する

目標16 持続可能な開発のための平和で包摂的な社会づくりを促進し、すべての人々に司法へのアクセスを提供し、あらゆるレベルにおいて効果的で説明責任のある包摂的な制度を構築する

目標17 持続可能な開発のための実施手段を強化し、グローバル・パートナーシップを活性化する

※公益財団法人 地球環境戦略研究機関 (IGES) 作成による仮訳をベースに編集（外務省ウェブサイトより）

◆ SDGs：持続可能な開発のための 2030 アジェンダ

（1）最新の動向

　2016 年に出発して 5 年間を経過した SDGs の現況を振り返ってみましょう。SDGs の 17 の目標は、MDGs が途上国に対する国際協力の目標であったのに対し、先進国も含む世界の官民を挙げての国民運動として展開し始めています。子どもの貧困や女性差別に対してこれを是正しようとする普遍的価値観をさらに推し進めようとしているのです。

　SDGs の S はサステナブル（sustainable）の頭文字であることはご存じのとおりですが、第 6 章で扱ったロジカルフレームワークをもう一度参照してください。プロジェクトの自立発展性（sustainability）を確保するためには、自然環境や公共政策あるいは人材の確保や紛争の回避など外部条件がプロジェクトを支えるものであることが必要とされています。それは先進国においても同様です。例をあげましょう。女性だからといってその才能が開花できない社会では、人材の確保はおぼつきません。女性が公平な機会を与えられ無理なく活躍できることが、プロ

表　SDGs 大陸別達成状況

	アジア	アフリカ	欧州	大洋州	中東	中南米	北米
SDG1	97.6	60.3	99.1	100.0	88.1	93.6	99.4
SDG2	55.4	42.3	65.7	64.6	52.0	54.8	70.6
SDG3	69.7	49.1	85.8	94.2	75.1	76.2	92.0
SDG4	73.5	46.8	89.4	95.6	67.8	76.0	95.7
SDG5	61.7	54.0	75.0	81.9	49.3	70.7	78.5
SDG6	81.0	63.2	86.3	87.8	47.9	88.9	83.0
SDG7	63.2	33.8	84.9	88.4	75.3	78.0	89.7
SDG8	70.8	52.0	74.7	87.8	57.1	65.8	86.8
SDG9	36.8	16.5	52.5	75.2	41.0	25.9	80.5
SDG10	63.1	46.9	75.0	77.1	55.1	34.9	63.4
SDG11	67.7	58.6	82.6	82.6	61.2	77.5	84.4
SDG12	72.9	77.9	61.7	52.8	65.3	71.5	44.9
SDG13	82.5	83.8	84.0	55.5	69.2	85.7	65.9
SDG14	45.5	48.4	50.9	55.9	44.8	49.5	51.9
SDG15	53.2	64.1	67.0	36.0	53.0	54.7	47.9
SDG16	67.2	55.6	73.0	85.2	68.5	52.7	79.2
SDG17	51.7	64.0	61.1	62.0	59.9	69.7	60.3
平均	65.7	54.0	75.1	75.4	60.8	66.8	74.9

出典：SDG INDEX & DASHBOARDS（SDSN）

ジェクトを成功に導くことにつながります。気候変動はどうでしょう。毎年のように来襲する台風は近年狂暴化し被害が拡大しています。対策として日本政府は2030年度に CO_2 排出を46％削減し、2050年までに CO_2 排出をゼロとする脱炭素社会実現の目標を掲げました。世界で最も大量の CO_2 を排出しているのは中国ですが（2018年に世界全体の28.5％）、2030年に排出量をピークアウトさせ、2060年までにこれをゼロにする目標を掲げています（日経新聞の報道による）。自然災害や感染症の蔓延は、それまで積み上げてきた開発努力を台無しにしてしまう巨大な力であり、これをコントロールすることは先進国にとっても重要なテーマでもあるのです。

2020年現在の状況は国連報告（Sustainable Development Report, 2020）によると、その達成度が最も高いのはスェーデン、デンマーク、フィンランドの北欧諸国です。その後西欧諸国が続き、日本は17位、米国は31位、中国は48位とされています。コロナウイルスの世界的蔓延（パンデミック）はSDGsの目標達成に打撃を与えています。

(2) 目標別の問題点

以下、17の目標それぞれについて課題を確認してみましょう。

目標1は貧困の解消。2019年に世界の貧困総人口は8.2％にまで低減しましたが、2020年には8.8％に悪化。南アジアとサハラ砂漠以南のアフリカ諸国で深刻です。

目標2の飢餓の撲滅も苦戦しています。パンデミックによる食料の生産と配給の混乱は子どもの栄養失調をもたらし、2019年度の5歳以下の低栄養の子どもは6.9％（4700万人）となり、さらなる悪化が懸念されています。さらに、サバクトビバッタによる農作物への被害は東アフリカやイエメンで3500万人に食料不安を引き起こしています。ウクライナ戦争は食料不安をさらに悪化させています。

その結果、**目標3の健康水準**も悪化しています。コロナ以前の2000年に1000人当たり76人であった5歳未満児死亡率は、2018年には39人にまで半減しました。しかしパンデミックにより医療機関へのアクセスが制約を受け、予防接種ができないなどの事態が発生しており、HIVや結核、マラリア、デング熱などによる死亡が増加することが懸念されています。

目標4の普遍的教育の確保への影響も心配です。2018年の時点で初中等教育を

受けられない子どもは2億5800万人にまで減少しましたが、新型肺炎のパンデミックが原因で190か国以上で休校措置がとられ、リモートでの授業に対応できない児童は5億人に上ります。アフリカのPC所有率は11％。親も教師も使いこなせない場合も多く、そもそも学校にすらPCやネットへのアクセスがない場合も多いのです。

目標5のジェンダー平等はどうでしょう。パンデミック以降女性や女児への暴力の増加、18歳以下の少女への強制結婚の増加も、サハラ以南アフリカで懸念されています。

目標6は安全な水とトイレの普及を掲げています。しかしサハラ以南アフリカ諸国ではいまだに人口の75％が手洗い設備へのアクセスがなく、2030年までの完全普及は困難とみられています。

目標7はクリーンエネルギーの普及です。ラテンアメリカ、カリブ、東・東南アジアでは電気の普及が進みましたが、サハラ以南アフリカ諸国では2018年時点でも人口の53％が電気のない暮らしをしています。人工呼吸器など寄付された医療器具も動かせない状況です。水力・ソーラー・風力・地熱への投資は2017年時点では世界全体で214億ドルに達しましたが、後発途上国のシェアは12％にとどまっています。

目標8の働きがいとの経済成長の両立はどうでしょう。パンデミックにより、2019年の世界経済は1.5％のマイナス成長。2020年には4.2％に悪化しています。サハラ以南アフリカ諸国ではインフォーマルセクターで働く人は89％。中央アジアや南アジアも86％を占め、収入が減少しています。非正規、自営、日雇いへの影響が大きく、特に女性、障碍者、若者への打撃が懸念されます。また、観光に頼ってきた島しょ国の状況も憂慮されます。働きがいも経済成長もともに後退しており、厳しい状況が続いています。

目標9は産業と技術革新の基盤づくりですが、コロナの蔓延に伴い製造業や運輸業の成長スピードが鈍化し、サプライチェーンは崩壊しつつあります。失業が拡大し、労働時間も減少、その結果収入は減り貧困は深刻化しています。ただし、2018年から19年にかけてマイナス14.1％の成長を経験した中国の製造業は徐々に持ち直し、2021年にはプラス成長が期待されています。経済の回復には特に小規模事業者への金融サービスが必要ですが、サハラ以南アフリカで金融サービスにアクセスがあるのは22.9％にとどまります。このままの状況が続くと世界の地

域間格差がさらに拡大することが懸念されます。

　目標 10 は階層間・国家間の不平等の是正です。不平等の指標であるジニ係数が 40 を超える国は世界 165 か国中 65 か国、50 以上は 17 か国。ロシアやタイなどでの反政府運動の背景には不平等があり、放置されれば治安の流動化や民主的政治制度の空洞化が懸念されます。

　目標 11 は居住環境の改善です。2015 年以降は都市化が急速に進展し、スラムの人口は急増しています。人口密度が高いためコロナの蔓延が急速に進行しています。公共交通機関へのアクセスがない都市居住者は世界 610 の都市人口の 50％ に上るとともに、公園など一息つける公共スペースが自宅から 400 メートル以内にある人は世界の人口の 46.7％ にとどまっています。中でも東・東南アジアではわずか 26.8％ で、居住環境の改善には政府の積極的な介入が必要です。現状は 2015 年時点より悪化していると言わざるを得ないでしょう。

　目標 12 は環境に配慮した製造と無駄のない消費の徹底です。コロナの蔓延は医療廃棄物の増大をもたらしています。リモートワークに不可欠な電気電子機器の廃棄物は一人当たり 7.3 kg に上る一方で、リサイクルは 1.3 kg にとどまっています。食料も収穫―発送―保管―加工の過程で、世界全体で 13.8％（4000 億ドル＝約 44 兆円）の食品ロスが発生しています。中でも郵送インフラの貧弱な中央・南アジアでは 20.7％ のロスが発生しており喫緊の課題となっています。

　目標 13 は気候変動対策です。2019 年、2020 年、2021 年と 3 年連続で森林火災、旱魃、洪水などの異常気象が発生し、その強度も増しています。今世紀末には産業革命以前と比べて 3.2 度の気温上昇が進むとの悲観的な予測が徐々に現実味を帯びてきています。コロナ蔓延に伴う行動制限や人流の抑制にもかかわらず CO_2 の削減はパリ協定の目標の年 7.6％ を下回る 6％ にとどまっています。すでにこの目標の達成には黄信号がついているようです。

　目標 14 は海洋環境の保全です。酸性化の抑制、違法漁業取締による海洋資源の持続的な活用には赤信号がともっているのが現状です。

　目標 15 は陸と海の両方を視野に入れた生態系の保全です。具体的には森林伐採の取り締まり、野生動物の捕獲取り締まり、森林管理の徹底と淡水資源の確保そして生物多様性と生態系の保全です。鳥インフルエンザやエボラ出血熱は人畜共通の感染症で、野生生物の売買の過程で発生したといわれています。コロナウイルスはコウモリが起源でセンザンコウを介してヒトに感染したと疑われています。

しかし森林減少は急速に進みつつあり、野生生物の生息域までヒトが進出。新たな感染症のリスクが高まっているだけでなく、この目標の達成はほぼ不可能な状況に近づいています。

目標 16 は平和と公正の実現です。2019 年現在、戦争や迫害、紛争により居住地を追われ難民となった人々は 7950 万人で過去最多に達しました。子どもたちの 4 人に 1 人は出生登録ができずに法的な身分を得られていません。2020 年 3 月国連事務総長はシリア内戦の関係者に停戦を呼びかけましたが、コロナの蔓延により停戦監視が難航し問題は深刻化しています。「はじめに」でもふれたように 2022 年 2 月 24 日に勃発したウクライナ戦争でこの数はさらに悪化し、UNHCR の報告によると居住地を追われた人々の数は 2022 年 5 月 23 日の段階で 1 億人を超えたとされています。アフガニスタンでのタリバンによる政権奪取により、さらに 50 万人の難民が発生。状況は深刻化しています。

目標 17 は世界の国々及び人々のパートナーシップの促進です。しかしこれもコロナウイルスの蔓延が深刻な影響を及ぼしています。海外送金（2019–20 年はマイナス 20％）、海外直接投資（2019–20 年はマイナス 40％）、貿易（2019–20 年はマイナス 32％の見込み）いずれも停滞しています。目標 9 でもふれたとおり、サプライチェーンは混乱し、国際的にマーケットが分断されブロック化しつつあります。オンラインでネットへのアクセスが可能な人口は世界の 50％にとどまり、情報格差も広がりつつあります。MDGs の時期、中国を中心に世界経済が送金、投資、貿易により急速に拡大した当時の勢いは急速に失われつつあります。

◇ 国際協力のアプローチの変遷

SDGs の登場まで、国際協力をめぐってはどのような議論がなされていたのでしょうか。整理すると大きく 4 つに分けられます。

(1) まずは経済成長を（ビッグ・プッシュ論）

第一は、経済成長をもっとも重要な目標に掲げた考え方で、第二次大戦後から 1970 年ごろまで国際協力の議論をリードしました。GDP を大きくすればほとんどの問題は解決できるとする考え方で、第二次大戦後に米国が主導して日本や欧州の復興に対しておこなった協力は見事に成功しました。また途上国の首都におい

ても効果がありました。考えてみれば、日本や欧州あるいは途上国の都市部のインフラ復興事業では、技術力のある人材、組織を管理する能力、社会の結束力はすでに備わっており、ないのは資本と資材（お金とモノ）だけだったのです。しかし、1970年の前半からこの経済成長中心主義モデルは見直されることになりました。

(2) 基礎生活分野の充実を（大きな政府論）

　代わって1970年代に登場したのが、BHN（Basic Human Needs）重視という考え方です。BHNは基礎生活分野とも訳されますが、人々が生きていくうえで欠かせないニーズをまず満たすことを国際協力の中心に置こうという考え方です。この頃にはすでに、お金とモノさえ供給すればあとは受入国側が立派に開発を成し遂げるという恵まれた状況ではなくなっていました。日本や欧州そして途上国の都市部のインフラ復興需要が一巡して満たされたところで振り返ってみると、成長に取り残され、社会経済的な困難に直面する人々の存在が浮かび上がってきたのです。社会の底上げを進める必要がようやく認識されたわけですが、それにはこれまでの資本と資材を投入する方法では不十分だったのです。途上国の底辺社会の貧困の実態を探り、これに対処する知識、技術、手法、組織を動かす能力を供えた人材の育成を並行して進めることが必要となりました。そのためには経済学だけでなく、ほかの社会科学の知見も動員し、協働する時代となってきたのです。多様な関係者の組織づくりをどうするかが国際協力の中心的な課題として表に出てきたわけです。

(3) 構造調整論（小さな政府論）

　続く1980年前後には、新しい考え方が登場します。構造調整と呼ばれるこのアプローチは、社会サービスの規模を拡大しようとする1970年代までの考え方と異なり、受入国で国際競争力のある分野の開発を重点的に進め（構造改革）、そこで稼いだ資金を使ってそれまで国際金融機関から借り入れたローンを返済し、また新たに開発資金を融通してもらおうとするものです。BHN尊重の時代には保健や基礎教育の拡充など貧困層支援のための様々な支出が拡大しましたが、これを切り詰めてでも借入金の利子を返済し（緊縮財政）、代わりに新たなソフトローンを確保する政策が進められました。もちろん、最貧困層への栄養や食糧支援プログラムなどは継続され、構造調整の副作用の軽減を図る努力はおこなわれまし

た。しかし、この時代には全体的な社会サービスのレベルは低下したといわれています。

(4) 人間開発アプローチ

1990年ごろから登場するのが人間開発アプローチです。インド出身でノーベル経済学賞を受賞した**アマルティア・セン**は、開発の本筋は個々人の潜在的な能力を開花させることを目標に、そのための条件を整備することであるとして、基礎教育と保健衛生の強化および民主的な社会の建設による自由な選択の確保を強く主張しました。センの思想は、個人の潜在能力の開発と解放を重視するもので、人間開発アプローチを支える思想として位置づけられています。人間開発アプローチは、構造調整の時代に社会的サービスが切り詰められた結果、貧困に苦しむ人々が増加したことへの反発でもありました。

(5) SDGs目標に指標を振り進捗をモニタリングするアプローチ

以上のような経緯を経て、現在はSDGs目標の達成に集中することになりました。

◇ 行ったり来たりの国際協力

みなさんの中にはここで疑問に思った方もいると思います。なぜBHN重視をやめて構造調整を進めたのか。そしてなぜ構造調整を転換して社会の貧困層をより意識する人間開発アプローチに移ったのか。一貫していないではないか、と。そうです、一貫していないのです。しかし1980年代に構造調整アプローチが導入され、保健や教育のための予算が切り詰められて貧困層支援が一時的に後退したのには、1970年代に発生した石油危機の影響で途上国の国家予算が不足し、社会サービスの規模を維持していく余裕がなくなったという背景があるのです。貧困層支援が大切だという認識はあっても、社会サービスのための国の支出が拡大すると、借り入れた資金の金利返済に回す予算がなくなります。金利の返済が滞ると、経済を成長させるための新たな投資資金の借り入れができなくなり、経済的な窒息死状況を招いてしまいます。そこで社会サービスを切り詰めて返済に回し、一方で切り詰めの影響がもっとも深刻に出てくるグループを特定して補償する小規模なプロジェクトを実施し、打撃を緩和するという苦肉の方策が取られたのです。

貧困削減のためには債務を棒引きしてもよいという国際世論は当時はまだ形成されていなかったために、こうした一時的な後退が発生しました。しかし、現在では、ミレニアム開発目標の８番目にあったように、最貧困国の債務については棒引きも含めて特別に配慮すべきだという合意が形成され、貧困削減を一貫して進める環境が整ってきています。

　実は戦後の国際協力の歩みは、経済成長を優先させようとする考え方と、格差を是正し貧困対策を重視しようとする考え方との間を、行ったり来たりしてきました。また途上国を支援する側の国々も、この考え方のどちらを重視するかで意見は分かれていました。だからこそ、2000 年に採択されたミレニアム開発目標では貧困削減を軸にして、できるだけ多くの関係者の同意と参加を得てプロジェクト（そしてその上位計画であるプログラム）を進めていく必要があったのです。あわせて、途上国と先進国はパートナーとして途上国の貧困削減に共に責任があるという考え方を、先進国と途上国の双方が合意する文書の形にまとめ上げたことに大きな意味が認められるわけです。

◇ 地域社会の運営支援

　これまでの議論をまとめてみましょう。次頁の表は、時代ごとに国際協力の特徴を整理したものです。戦後復興の時代に資金協力を受けて急速に発展した日本や欧州は、やがて援助国側に回ります。開発の制約は、資金や物資に加えて人材不足、組織・制度の未整備であることが、60 年代後半から 70 年代、80 年代と明らかになってきます。個人の能力育成、組織の育成、制度の整備を並行して進めるとともに、従来は国内問題として援助の世界では取り扱われなかった地域社会の運営支援が、貧困削減を進める上で避けて通れない課題として 90 年代にはくっきりと浮上してきます。それに伴って、国際協力の課題は多様化し、幅も奥行きも広く深くなりました。援助する国々も開発のパートナーとして、相手国の地域社会の状況をよく知ることが求められています。その上で、どのように働きかけ、能力を育てていくかという、支援のプロセス組み立ての巧拙が問われる時代へと入りました。国際協力に関わる人たちへの要求がより高度化してきたことを、この表は示しています。

◇ SDGs への期待と不安

　MDGs の後継として登場した SDGs はすでに述べたように、多数の目標を設定し貧困の撲滅に向けて包括的な取り組みを進めようとしています。17 の目標、169 のターゲットと数が多く、実際メモを手にしないとそのすべてを説明するのは困難です。副題で「**誰も取り残さない**」としたように野心的な取り組みである反面、

表　国際協力のアプローチの変遷

主流となった年代	1945-50 s	1960 s	1970 →	1980 →	1990 →	2015 →
国際協力の特徴を表すキーワード	戦後復興のための援助；マーシャルプラン；ガリオア・エロア基金	国連開発の10年；ビッグプッシュ戦略；トリクル・ダウン戦略	BHN 戦略；第2次国連開発の10年；資源ナショナリズム	新古典派による構造調整；債務危機管理	人間開発；潜在能力アプローチ；貧困削減；社会的弱者支援；MDGs	SDGs 目標とターゲット明示
国際協力の課題	資金援助による復興	インフラ整備中心・人材育成	組織開発を付加	制度づくりを付加	地域社会の運営支援を付加	参加型開発重視
プロジェクト援助	○	○	○	○	○	○
プログラム援助			○	○	○	○
政策立案型援助			○	○	○	○
経済学者のインプット	○	○	○	○	○	○
その他の社会科学者のインプット		○	○	○	○	○
日本のODA	世銀・米国から援助を受けるとともに、アジアへの賠償実施、援助開始	有償資金協力（OECF）から技術協力・技術者育成の存在感へ	組織の運営と技術的課題をあわせて指導	諸制度・組織の設計支援（例：標準化機構）	ケースごとの特徴に配慮。NGO 活用も視野	SDGs は社会運動に、国内の課題にも応用

総花的で輪郭が見づらいという不安や、具体的な数値目標が盛り込まれていないことから、MDGs のような推進力が得られないのではないかという声が NGO 関係者から聞こえてきます。しかし、国際協力は第二次大戦後から 75 年以上の期間継続して取り組んできた結果、過去 15 年に特に東アジア・東南アジアで加速度的に成果を上げつつあるのも事実です。これからの 15 年は、一つの成果が他の課題の解決を助けることも期待できます。前に踏み出して相乗効果を上げる方向に進めることができるのか、ここで手を緩め一歩の後退が他の課題の深刻化を招く悪循環に陥るのか、実は正念場に来ているともいえるのです。

プレワーク・スタディ

2015 年から 2030 年に向けて、世界は SDGs の達成を中心に国際協力を展開してきました。しかし 17 の目標の達成は未だ遠いのが現状です。特に、女性の出産リスクの低減や健康促進にかかわる事項、女子の就学率向上、上水施設や衛生施設の普及など、女性の生活改善や地位向上そして日々の暮らしの根本部分で課題を残しています。

　これらの課題への今後の取り組みかたはどうあるべきでしょう。以下のいずれかを選択し、その理由を述べてください。

　　(a) 各国政府はその財政状況の良しあしにかかわらず、まず上述の積み残した課題に取り組むべきだ。

　　(b) 一時的にこれら課題に向ける社会サービスは縮小してでも、まずは経済インフラの整備と経済成長を加速させ、家計収入を増加させれば、おのずと課題は解決される。

　　(c) その他（具体的に）

絶対的貧困　ぜったいてきひんこん

世界銀行では1日1ドル以下の所得（あるいは消費）しか得られない人口を、1999年時点で12億人、2002年時点で13億人と推計し、絶対的貧困層としています。東アジアおよび南アジアでは絶対的貧困層に属する人口は、経済発展に伴い減少しています。一方で、サハラ砂漠以南のアフリカでは増加しています。絶対的貧困に悩む人々は、特にガンジス平野（農業地帯）、アンデス高地、サヘル地域（水資源の乏しい乾燥地域）に集中しています。なお、1日1ドルという基準は2015年の購買力平価1.25ドルに再設定されています。

アフリカ重視の思潮到来　アフリカじゅうしのしちょうとうらい

2005年7月に英国のグレンイーグルズで開かれた主要国会議（通称G8会議）では、2010年までに開発途上国に対する援助総額を2004年に比べて500億ドル（約5兆円）増額し、その半分をアフリカ向けとすることで合意しました。農村の開発、中小企業育成などの分野を中心にアフリカ諸国の自立的な経済成長を促す条件の整備を支援していこうとの考え方が前面に出てきました。

2007年にドイツでおこなわれたハイリゲンダムサミットでも、アフリカ重視の考え方が再確認され、平和構築支援と民間投資の促進、経済成長の実現という方向性が打ち出されました。日本は長い間、東アジアおよび東南アジアにその援助資源の大半を注ぎ込んできましたが、この地域の国々が経済発展を遂げるにつれ、援助の重心を、これらの地域以外にも徐々に移していかざるを得ない状況です。韓国や中国、マレーシアやタイそしてシンガポールといった国々は、現在では援助国として活動しています。インドネシアでは南方協力センターが設立され、アジアの経験をアフリカに伝える支援がおこなわれています。アフリカへの支援については、日本はこれらの国々と協調しながら援助を組み立てていく努力も進めています。

構造主義　こうぞうしゅぎ

第二次大戦後の復興支援を支えた考え方で、市場機能をさまたげる構造的な要因を取り除けば経済成長が実現するとし、政府による積極的介入を求めました。インフラの整備、国営企業の育成、輸入品を自国生産する輸入代替型工業化、制度的な金融制度、周辺への波及効果を狙った成長の拠点づくりなど、一連の政策の根拠となりました。これらの政策は、先進国の復興には効果がありましたが、途上国に導入されると、政府の利権あさりを助長するなどの副作用が大きく出てしまい、援助資源の効率的な運用にはならないということで一時後退しました。

まとめのワーク：貧困の悪循環

貧困の要因は様々であり、眺める視点ごとに違う像を結びますが、対象ごとに取り組みやすいポイントを見つけていく創造力が試されます。SDGs の特徴は、貧困の要因が絡み合い循環していることを認識しつつ、可能性のあるところから解決していくことがやがて貧困を撲滅させるとする主張を前面に出していることです。理解を深めるための一連のワークに取り組んでみてください。

●貧困の悪循環

貧困の背景には構造的な要因が重層的に存在し、相互に循環しています。ここでは Burkey のモデルを紹介します。

疾病と栄養不足に関連する貧困の悪循環

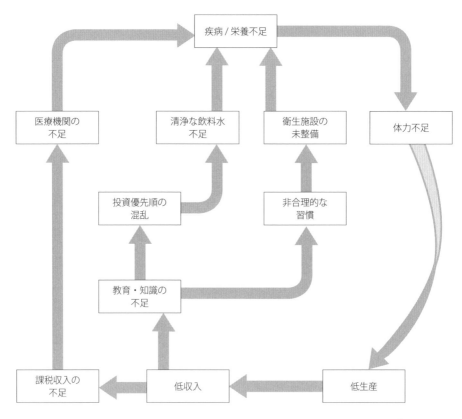

Burkey, 1993, p.14

ワーク1　左のモデルにあるキーワードを日常語で説明し書き込んでください。
　　　　　例：投資優先順の混乱＝教育や知識が不足しているために、清浄な飲
　　　　　　　料水確保のために必要なお金が他の目的に使われてしまうこと

ワーク2　Burkey は経済的な側面から見た貧困の要因もあげています。各要因を
　　　　　矢印でつなげて循環図を作成してください。足りない他の要因があれ
　　　　　ば付加し、より説得力のある図を完成して発表しましょう。追加要因
　　　　　を考える際には、171 頁の「貧困の諸要因例」を参考にしてください。

経済的な制約要因による貧困の悪循環

低収入

資産の不足
（担保不足）

雇用機会の不足　　　　低収益

生産低迷　　　　　　　　　　　　貯蓄不足金融不足

高利金融

低生産性

技術の不足　　　　　　　　資本不足

ワーク3 Burkeyは人口の過剰と教育機会の不足という側面からみた貧困の要因もあげました。各要因を矢印でつなげて循環図を作成してください。足りない他の要因があれば付加し、より説得力のある図を完成し発表しましょう。追加要因を考える際には、次頁の「貧困の諸要因例」を参考にしてください。

人口過剰と教育機会不足に関連する貧困の悪循環

低収入

生産低迷

教育投資の低迷

低生産性

労働力となる
家族数増大への希望

教育機会の不足

農地不足

文盲・知識不足

人口の過剰

認識の不足

家族計画実施の
困難

● 貧困の諸要因例

物理的要因
- 不適当な土壌
- 不確実な降雨
- 水資源不足
- 砂漠化
- 土壌浸食
- 過剰放牧
- エネルギー源の不足
- インフラの不足
- 市場へのアクセス困難

社会的要因
- 知識の不足
- 技能の不足
- 認識の不足
- 住民間／グループ間の協力不足
- 大家族
- 非合理的な消費
- 植民地主義に起因する悪習
- 家族計画への理解不足
- 人種差別
- 不適切な教育カリキュラム

政治的／制度的要因
- 地方自治制度の不在
- 極端な派閥主義
- ネポティズム
- 治安・秩序の欠如
- 参加の不足
- 政治不安
- 内戦
- 近隣国との紛争
- 行政能力不足
- 難民
- 司法制度の破綻

経済的要因
- 資本の不足
- 貯蓄不足
- クレジット不足
- 熟練労働力の不足
- 運営管理能力不足
- 対外債務
- 企業家精神の不足
- 貯蔵施設の不足
- 機材の不足
- 過大な商業マージン
- インフレ
- 種子取得のための金融不足
- 生産者価格の低迷
- 国営企業の非効率

ワーク4　貧困の背景をなす要因は社会ごとに異なり、また異なるつながり方を
しています。ワーク2とワーク3では、イメージする社会が違えば意
見は異なってきます。グループ内で意見が異なったポイントと、念頭
に置いた社会の違いを下の表にまとめてください。

	グループ内で意見が異なった ポイント	念頭に置いた社会の特徴
栄養不足と疾病に 関連する 貧困の悪循環	ポイント1	
	ポイント2	
経済的な制約に 関連する 貧困の悪循環	ポイント1	
	ポイント2	
人口過剰と 教育機会不足に 関連する 貧困の悪循環	ポイント1	
	ポイント2	

第Ⅲ部

国際協力の考え方って、時代背景によって方針が変わったり、見直されたりしてきたんですね。ミレニアム開発目標の貧困削減は持続可能な開発目標に引き継がれましたが、今後、方針転換することもあるんでしょうか？

貧困削減については、世界全体で見ると達成にバラつきが出てきて、格差が問題になっているんだ。経済成長を達成した中国は絶対的貧困層をうまく減らしたとされているけど、サハラ以南のアフリカ諸国では貧困が深刻化したという報告もある。
また、高度成長を遂げる国が徐々に増えていく中で、中期的には資源価格が高騰するトレンド（傾向）なので、資源を持つ国は経済成長を優先する開発戦略をとるべきだという議論も出てきているよ。

 なにがなんでも統一目標を達成するというよりも、みんなで議論しながら、その国や地域にあった処方箋を見つける方がいいってことですよね。一言で貧困と言っても、原因が違えば対策も違って当たり前なわけですから。

ぼくもそう思うな。国際協力に参加する人や組織もどんどん多様化しているから、それぞれの立場や見方からいいと思う方法を提案すれば、きっと国際協力の厚みがどんどん増してくるよ。

 国際協力の入口が広くなるのは嬉しいけれど、様々な立場からの意見が入ってくるってことは、それをうまく調整する能力も必要になってきますよね。コミュニケーションと根気と気合の３Ｋでがんばります！

貧困の悪循環を考える際、どのような要因を把握し、それらがどのように関係しているのか、人による考え方の違いを実感することができればこの作業の狙いは達成です。途上国の貧困を解消するための方法には、決まったただひとつの解などありません。決定打が存在するという思い込みは捨てましょう。途上国の貧困解消のための支援活動を計画するためには、個別の状況ごとに貧困を生む構造的要因を抽出し、それを解消する手立てを組み立てていくほかありません。焦って一般的な処方箋を求めても、それが、満足な結果をもたらすことは期待できません。粘り強く、クールな頭脳と温かい心で頑張っていきましょう！

Further Steps この章で議論したことをより深く掘り下げるために、以下の文献の内容を確認してみよう。

・佐原隆幸「SDGs 達成に逆風を送る COVID19 とウクライナ戦争」『国際開発学研究』22 巻 2 号、勁草書房、2023 年
・『日本の国際協力』アジア編、中東・アフリカ編、中南米編、ミネルヴァ書房、2021 年

第14章 国際協力の潮流

第**15**章

これからの国際協力

2030年に向けた新たな取り組み

　前章で述べたように、開発途上国における貧困削減に向けて、SDGsの目標達成を図るべく援助機関による様々な国際支援が進められています。また、アフリカやメコン川流域では、国別に支援してきた従来の国際協力の枠を超えて、複数の国をまとめて支援することの重要性が認識されてきました。これまでより広範な地域圏に対する経済支援活動です。国を超えた国家群を支援するには、国際金融機関の強いリーダーシップや高い調整能力が期待されます。従来の機関で対応できなければ、新しい機関の設立が求められるでしょう。こういった新しい流れが、徐々にそして大規模に始まっています。

　SDGsには、MDGsで実現できなかった目標を必ず達成するんだ、という強い意図が感じられますね。「すべての人々の」とか「持続可能な」という言葉が目立っています。でも、途上国は複雑な課題に直面していて、どの問題も単純には解決できませんよね。

　貧困の原因と結果はお互いに関連し合っているから、局所的な対応ではなく総体的に取り組む必要があるんだ。そのために国境を超えた取り組みもおこなわれているから、成果に期待したいよね。

　環境、経済、紛争、感染症と、国際協力の分野ではどのテーマをとってみても国境は関係ないですものね。ということはつまり、私たちだってつねに当事者意識を持たないといけませんね。

　そうだね。政府レベルでも援助方針を発信しているし、各国が得意領域を打ち出して国際的に援助を連携させようとしているよ。支援を担う実施機関も、従来の組織を変革して、他国と協調しやすい仕組みを作ったり、新しい方法を取り入れようと模索しているところなんだ。

　支援する側もされる側も国の枠組みを超えて、いい意味でのグローバリゼーションを目指しているんですね。日本はこれから、どんな形で国際協力を展開しようとしているんでしょうか？　私も知っておきたいです。

最終章では、国際協力をより効果的に実施するための日本の新しい援助政策や、国際的な最近の新しい取り組みについて説明します。ポイントは、①政府開発援助（ODA）基本方針の変遷とこれからの「開発協力大綱」、② TICAD によるアフリカ開発支援、そして、③新たな国際金融機関 AIIB および BRICS 銀行の 3 つです。

◇ 政府開発援助（ODA）基本方針の変遷とこれからの「開発協力大綱」

　日本の ODA は、国連加盟の 2 年前となる 1954 年にコロンボ・プランに参加したことより開始されました。コロンボ・プランは、アジアや太平洋地域の国々の経済や社会の発展を支援する協力機構であり、開発途上国のための国際機関です。翌 1955 年からは、第 2 次世界大戦後の賠償の一環として研修員の受け入れや技術協力事業が行われています。

　1989 年には日本は米国を抜いて世界最大の援助国になりました。しかし 2023年度の ODA 予算は 5709 億円とピークだった 1997 年の 1 兆 1687 億円と比較して半額、90 年代は世界 1 位だった経済協力開発機構（OECD）集計の援助総額も2006 年以降は 3 〜 5 位に留まっています。この間の日本の ODA 基本方針として、現在まで 4 つの大綱が策定されています。そこで ODA 基本方針を通じて、30 年に及ぶ日本の ODA の基本概念、原則、主要ターゲットなどの変遷を見てみましょう。

（1）1992 年版　政府開発援助（ODA）大綱

　日本の ODA 供与金額は 1991-2000 年にかけてアメリカを抜いて世界第 1 位となりました。同時に、1990 年に勃発した湾岸戦争により、援助国（ドナー国）はODA 実施に際し、被援助国の民主化や人権、軍事政策の状況を精査する必要性を認識するようにもなりました。そこで日本政府は、ODA について、国内外の理解を深めることによって幅広い支持を得るとともに、援助を一層効果的・効率的に実施することを目的として、1992 年に ODA の基本方針を定めた初の「政府開発援助（ODA）大綱」を策定しました。この ODA 大綱の特徴は次の 3 つです 。

（a）途上国の自立を促す ODA の基本概念と援助実施の原則を明確化

　途上国の自立に向けた自助努力を支援すべく、①飢餓・貧困に対する人道的配慮、②国際社会の相互依存性、③環境の保全、④我が国と途上国間で友好関係の一層

の増進から成る日本の ODA の基本概念を示しました。

さらに、①環境と開発を両立、②軍事的用途および国際紛争助長への使用回避、③軍事支出、武器輸出入の動向注意、④民主化の促進、市場経済導入の努力、基本的人権や自由の保障状況に十分注意する、という 4 つの原則を掲げました。

(b) 環境問題の重要性を強調

「環境」の重要性が明記されました。これを契機に国際協力の分野においては環境分野における配慮の重要性が広く認識されるようになります。なお、その他の重点項目としては、①人口増など地球的規模の問題、②基礎生活分野（BHN：Basic Human Needs）の取り組みの改善、③人づくりおよび研究協力等技術の向上、④インフラ整備、⑤経済構造調整および累積債務問題の解決に向けた支援などが重点事項として示されています。日本の ODA は、以降これらの分野に対する取り組みが強化されていきます。

(c) 平和的利用の方針を明記

基本理念および原則において軍事的用途の制限が明確に示され、ODA を平和利用に使用するという日本の基本方針がこの時期に確立されました。

(2) 2003 年版　政府開発援助（ODA）大綱

ODA 大綱は日本の援助政策の根幹をなしてきましたが、ODA を取り巻く国内外の情勢を踏まえ、ODA 大綱が発表されて 10 年目にあたる 2003 年に ODA 大綱が改定されました。特徴は次の 3 つです。

(a)「目的」を国益となる「我が国の繁栄の確保」に定める

日本経済が低迷している中で、他国に資金を与える ODA に対し厳しい目が注がれるようになりました。そこで改定 ODA 大綱では、日本は製品の市場、資源、食糧などを海外に依存している状況を踏まえ、日本の ODA の目的を「国際社会の平和と発展に貢献し、これを通じて我が国の安全と繁栄の確保に資することである」と定め、ODA は日本の国益につながると明示しました。

(b)「基本方針」の一つとして「人間の安全保障」を掲げる

改定 ODA 大綱の「基本方針」は、①開発途上国の自助努力支援、②人間の安全保障の視点、③公平性の確保、④我が国の経験と知見の活用、⑤国際社会における協調と連携の 5 つです。特に「人間の安全保障」は、JICA の緒方貞子理事長（当時）が掲げる理念を取り入れたものです。平和の構築に向けて、「地域・国レベル

の視点と共に、個々の人間に着目した「安全保障」を重視することにより、個人の生活のみならず、国境間をまたぐ広範な地域に及ぶ紛争、災害、感染症などに対処していくことが可能になるという信念に基づいています。

(c) 援助政策の立案及び実施体制の一つとして「国民参加の拡大」を打ち出す

「国民参加の拡大」に関しては、「国民各層による援助活動への参加や途上国との交流を促進するため、十分な情報を提供するとともに、国民からの意見に耳を傾け、開発事業に関する提案の募集やボランティア活動への協力などを行う」と記述されました。

(3) 2015 年版　国際協力大綱（副題：平和、繁栄、そして、一人ひとりのより良き未来のために）

日本のコロンボ・プラン参加 60 年を経て、2015 年に改定 ODA 大綱が見直され、開発協力大綱が策定されました。3 番目の ODA 基本方針となる開発協力大綱は、世界のグローバル化の進展、長引く先進国の不況、開発途上国の急速な成長と民間投資の拡大、中国をはじめとする新興国のプレゼンス台頭といった世界の動向を強く意識したものとなりました。その特徴は次の 4 つです。

(a) 日本の開発協力の理念を明確化

シリアやアフガニスタンなど勃発する地域紛争の影響を受け、「基本方針」において、平和国家として国際社会の平和、安定、繁栄に積極的に貢献する方針を明確にしました。これにより、①非軍事的協力により世界に貢献を果たす、②人間一人ひとりに焦点をあて、その保護と能力強化を図り、人間の安全保障を築き上げる、③開発途上国と対等なパートナーとして協働する、という姿勢を世界に示しました。

(b) 新しい時代の開発協力

SDG's に向けて「質の高い成長」を掲げました。国際的な新しい開発概念である①包摂性（Inclusive：格差是正、女性の能力強化、ガバナンスなど）、②持続可能性（Sustainability：環境、気候変動など）、そして災害などからの立ち直りの力を強化する③強靱性（Resilience：防災、テロ対策、法執行機関の能力強化など）を通じて人間開発、社会開発を推進し、貧困撲滅を目指しました。

(c) 触媒としての開発協力

国際協力機構（JICA）は、（株）国際協力銀行（JBIC）や日本貿易保険（NEXI）

など公的資金を扱う従来の公的機関に加え、特にインフラ整備の場合は民間企業や地方自治体と提携を図り、民間セクターなどとの連携を重視し、これにより民間が途上国に投資しやすい環境整備に寄与するとしています。

(d) 多様な主体の開発への参画

　包摂的で公正な開発を目指して、女性の参画の促進、社会的弱者などあらゆる主体の開発への参画を促し、官民連携、自治体連携に加え、国際機関やNGO／市民社会など多様な組織との連携強化を図るとしました。

(4) 2023年版　開発協力大綱（副題：自由で開かれた世界の持続可能な発展に向けた日本の貢献）

　気候変動、コロナウイルスなど感染症による地球規模課題は多様・激甚化しています。米中対立やパワーバランスの変化と地政学的競争の激化する中、武力の行使による一方的な現状変更を加える行動も発生するなど、急速なグローバル社会の進展にともない、国際社会の分断のリスクはこれまでよりむしろ深刻化しています。

　また、拡大する経済格差等に起因する途上国の不満も生じており、「歴史的な転換期にあって、開発協力が果たすべき役割、開発課題やその手法にも変化が生じている」という背景もあり、4番目のODA基本方針となる開発協力大綱が2023年に策定されました。その特徴は以下の4つです。

(a) パートナーシップを活かした「共創」による課題の解決

　途上国との対等なパートナーシップの下で、対話・協働することにより新たな解決策を共に創り上げる「共創」という概念を打ち出しています。また、共創を実現するための連帯を深化させ、国際機関やグローバルサウスと協調して、過剰な対外債務に陥るいわゆる「援助のわな」を回避するよう、透明性や公正性を担保した国際的な援助ルールの普及を主導すると明記しています。

(b) サプライチェーン（供給網）の強靭化による「質の高い成長」

　途上国のデジタル化や食料・エネルギー安全保障の課題に対応し、サプライチェーンの強靭化・多様化を図り、日本経済にとっても重要となる、供給先の多角化や人材育成・法制度整備、周辺インフラ整備等の支援に積極的に取り組む方針を示しました。

(c) 相手国の支援内容を提案する「オファー型協力」の実施

　相手国からの要請を待つだけでなく、共創の中で生み出された新たな社会的な価値や解決策も活用しつつ、日本の強みを活かした魅力的なメニューを作り、積極的に提案していくオファー型協力を強化していきます。

(d) 民間企業、公的金融機関等の「資金を含む多様な資源の動員」

　民間企業など様々な主体を開発のプラットフォームに巻き込み、途上国における経済基盤の構築、民間人材の研修・留学、法制度整備支援を含むビジネス環境の整備、開発モデルの提示、海外投融資を始めとする公的資金の戦略的活用を行います。また、岸田文雄首相は、2030年までに官民で計750億ドル（約11兆円）の資金をインド太平洋地域のインフラ整備に投入すると表明しています。

✧ TICAD によるアフリカ開発支援

　アフリカは世界の面積の22.2％を占めており、55の国・地域から構成される大陸であり、人口は約9億人（世界の14％）、2050年には20％を占めると推定されています。全体のGDPは今のところ世界シェアの僅か1.3％（2020年）に過ぎませんが、豊富な自然と資源にも恵まれていることから、潜在的な巨大市場と目されています。一方、近年の急激な経済発展に伴う貧富の格差拡大、自然環境の悪化や政情不安などが開発課題となっています。

　アフリカの開発をテーマとする国際会議として、日本政府が主導し、国連、国連開発計画（UNDP：United Nations Development Programme）、アフリカ連合委員会（AUC：the African Union Commission）および世界銀行（WB）と共同によるTICAD（アフリカ開発会議：Tokyo International Conference on African Development）の初会合が1993年に開催されました。2022年には、チュニジアのチュニスで第8回アフリカ開発会議（TICAD 8）が開催されました。「人への投資」や「法の支配」の重要性について確認し合い、日本はそれに向けて300億ドル（約4兆4,000億円）の投資を公約しています。

　TICADが初めて開催されてから30年を経ました。冷戦終結後、アフリカ開発の重要性をいち早く訴え、これまで国際社会に対してアフリカへの関心を高めてきました。TICADが打ち出した重要な開発哲学は、アフリカ開発における「アフリカ自身のオーナーシップ（自主性）」と「国際社会のパートナーシップ」の尊重です。

TICAD における日本の支援方針としては、①質の高い成長、②人間の安全保障「アフリカの一人ひとりの能力強化」、③官民一体となったアフリカ開発の3つが掲げられています。

この間、中国は過去20年程度で約6,000億ドル（88兆円）の直接投資、1,600億ドルの融資をアフリカに供与し、ロシアも穀物輸出/支援や政情不安な国の治安維持活動の関与も深めるなど、両国ともアフリカにおける資源開発等の経済・政治的な影響力を強めています。日本の開発支援は物量ではとても太刀打ちできません。日本が目指すべきアフリカに対する今後の支援は、日本企業の持つ高度な技術やノウハウを活かした「質の高いインフラ」の整備や、これまで注力してきた若者を対象とした人材育成プログラムの強化などであり、人や技術に対するきめ細かく質の高い支援を重視していくことが求められています。

◇ 新たな国際金融機関 AIIB および BRICS 銀行

近年、BRICS（ブラジル、ロシア、インド、中国、南アフリカの新興5カ国の総称）をはじめとする新興国によるアフリカや中央アジアに向けた国際協力や直接投資が増えてきています。二国間による援助も活発になってきました。加えて、さらに多額の資金源を確保するため、援助の受け入れ側である開発途上国とも連

ガーナで送配電線の電柱を設置する作業現場。
指揮を取る日本人技師〔写真提供：久野武志／JICA〕

携して国際金融機関を設立する動きが本格化しています。

（1）アジアインフラ投資銀行（AIIB）

　AIIB（Asian Infrastructure Investment Bank）は中国が主導して設立を進めた国際金融機関です。国際的にも非常に注目を浴びました。2013 年 10 月、習近平国家主席がアジアのインフラ整備を支援する目的で創設を提唱しています。世界第 2 位の経済大国となった中国は、日米が中心に運営してきたアジア開発銀行（ADB）など既存の地域国際金融機関における自国の発言力が拡大しないことから、独自の理念を生かすことのできる金融機関を新たに設立することにしたといわれています。

　参加国の多くはアジア域内の開発途上国ですが、ニュージーランドやサウジアラビアなどの域外国や、英国、フランスなどの欧州諸国も参加しており、2015 年に 57 カ国を創設メンバーとして発足し、2023 年 6 月時点で 92 カ国・地域が加盟しています。AIIB は ADB との協調を探るなど前向きな動きもありますが、審査手続きの透明性確保を確認したいと日米の 2 カ国は加盟を見合わせています。本部は北京、資本金は 1000 億ドル、初代総裁は金立群・元中国財務次官が就任し、2016 年から融資業務を開始しました。

　年間 100 億ドルという融資目標を掲げていますが、2018 年の事業件数は 10 件、融資額は 31 億 5339 万ドルの実績となっています。AIIB は中国が進める広域経済圏構想「一帯一路」へ資金提供をする金融機関の一つと見られていましたが、実績では極端な偏りは見られません。分野はエネルギーと運輸案件が多いものの、地域としては南アジア、中東・北アフリカのプロジェクトに資金が提供されています。

　これまで日・欧・米が審査基準として採用してきた環境配慮や女性の人権向上、紛争助長回避などの基準は、長い経験の中から開発に伴う副作用（負の影響）を減らそうとして設定されたものです。そのため、徐々に基準が多数に上っていくため、結果的に審査に長い時間を要し、プロジェクトの実現が遅いとの批判もされてきました。AIIB の融資が審査基準をどこまで簡略化してスピード感のある形でプロジェクトを実現できるのか。その一方で負の影響を抑えることができるのか、世界の注目が集まっています。

(2) BRICS 開発銀行（新開発銀行）の設立

　2014 年、ブラジルにおいて BRICS 加盟国を主とする開発途上国のインフラ開発に融資するための国際金融機関として新たに BRICS 開発銀行（新開発銀行）の設立が決まりました。貸出業務は 2016 年より本格的に開始されることになり、注目を浴びています。本部は上海に設置し、資本金は 500 億ドル（将来は 1000 億ドルに増資予定）、初代総裁にはインドの IT 大手企業インフォシス会長だった K・V・カマートが就任しました。2017 年の融資額は、「25 億ドル（2700 億円）から 30 億ドルになる」とカマート氏は述べています。

　BRICS は世界人口の 41.6%、世界の GDP（国内総生産）の 26% を占めています。輸出と輸入を合計した貿易総額は 6.14 兆ドルに及ぶなど、BRICS の市場規模は世界最大級のマーケットとして存在感が拡大しています。

　これまで開発途上国の発展と経済の安定を後押ししてきた金融機関は、主に世界銀行と国際通貨基金（IMF）でした。BRICS 開発銀行は、これら既存の金融機関に加えて、BRICS 主導でインフラ投資への旺盛な資金需要に応えていこうとするものです。実際は BRICS の成長率の大部分は中国とインドに依存したものです。しかし、他の新興国にとっても、鉄道、電力、公共施設などのインフラ整備が経済・社会の発展を支える重要な基盤となることが期待されています。

　なお、BRICS を多国間協力の組織体と捉え直し、グローバルサウスに広く門戸を開く拡大版 BRICS（BRICS ＋）を再編成しようとする動きがあります。2024 年からアルゼンチン、エジプト、エチオピア、イラン、サウジアラビア、アラブ首長国連邦（UAE）の 6 カ国が正式な会議加盟国となることが決定されており、今後もさらに拡大化していく傾向もあります。

┌─ プレワーク・スタディ ─────────────────

（1）日本の ODA 政策は、時代の流れを受け、名称も含めて内容が変化してきた。その背景は何だろうか。そしてどのように変化しただろうか。

（2）アフリカは近年、経済成長も順調で、アジアに続き開発のポテンシャルが高い地域として注目されている。アフリカ大陸の持つポテンシャルとは何だろうか。天然資源、人材、産業、立地性などに着目して今後どのような分野で成長が見込まれるか、可能性とリスクを検証してみよう。

（3）国際援助機関の役割、業務内容、実績について整理してみよう。各機関は十分な機能を果たしているのか、課題は何か、今後の事業方針など調べてみよう。

下記の設問を読み、新しいプロジェクトを自ら提案してみてください。

ワーク1

アジア東南地域にある開発途上国のA国は、近年目覚ましく経済が成長しています。そこで、さらなる経済発展を目指し、首都B市と近郊にある山岳部のC地域において、日本のODAや国際機関からの支援も受けて大型工業団地を建設することにしました。日本も優れた技術を持つ企業を数多くA国へ進出させたいとこのプロジェクトに関心を持っています。

しかし、工業団地建設が予定されているC地域は、貴重な自然や文化遺産が存在するばかりでなく、貧しい村々も点在しており、環境悪化、ジェンダー格差や医療・教育制度の不備など途上国特有の多くの問題を抱えています。開発協力大綱の理念を踏まえ、日本はこの大型工業団地建設プロジェクトを支援すべきでしょうか、止めるべきでしょうか。あなたの考えを述べてください。

ワーク2

ワーク1の答えを受けて、日本がA国を支援するのであれば、どのような点に配慮してプロジェクトを支援すべきでしょうか。また、もし支援しないのならば、どのような代替策（対策）を講じることがA国やC地域にとって望ましいのでしょうか。あなたの考えを述べてください。

これからの国際協力は途上国をビジネスパートナーとして、ともに発展を目指すという方向に進んでいきそうですね。

経済成長が国の豊かさの指針のひとつであることは間違いないからね。かつての途上国から新興国に成長した BRICS 諸国が展開するビジネスは、途上国の人たちの需要がよくわかっているだけに好評らしいよ。

 先進国の技術や製品の良さはわかっているけれど高すぎて買えない、ともいわれていますよね。そんな中でこれからの日本の役割はなんでしょうか？

実は途上国の経済発展には問題もあるんだ。2023 年時の世界人口は約 80 億人、これが 2050 年までに 97 億人になり、2100 年には 112 億人になると予測されている。アフリカとアジアの人口は急増していて、すでに予測を約 1 億 5000 万人上回っているそうだよ。果たして地球の資源は足りるだろうか？

 そうか。やみくもに先進国並みの経済発展を目指していくだけでは天然資源が枯渇してしまいますね。となると、先進国の役割は地球環境の将来を考えたり、平等な負担を提案したり、いろいろありそうです。

地球温暖化の影響や感染症問題なども深刻だよ。途上国の問題と先進国の問題は直接つながっているし、これから国際協力に取り組む人にはそういうグローバルな問題解決能力が必要とされることは覚えておいてほしいな。

 授業のグループワークでプロジェクトのアイデアを出し合ったときに、いろんな考えの人がいることにビックリしました。育った国や教育が違えば、考え方はもっと違いますよね。それをまとめていくのが国際協力の手法なんだということがよくわかりました。

でも手法はあくまでツールにすぎない。大切なのは問題解決に立ち向かった先人の知恵を謙虚に学ぶことじゃないかな。本当に必要なことは記録に残せないからね。たとえば、相手の立場から考える想像力、公平な判断力、仲間を作って巻き込む影響力、そして理想を実現しようとする行動力。そういったチカラをひとつずつ身に付けていけるといいよね。

国際協力キーワード

グッドガバナンス（良い統治）　Good Governance

　グッドガバナンスとは、90 年代以降の国連サミットなどで多用され、国際協力の分野で重視されるようになった用語であり、「良い統治」とも訳されています。

　開発途上国の持続的成長のためには、産業開発やインフラ整備と併せて、それらの事業化を可能とする法制度の整備や政策を立案することが重要です。しかし、開発途上国の多くは、まだ組織整備や人材育成が十分でない場合が多く、汚職の横行に加え、簡単な事務処理さえ相当な時間を要してしまうなど効率性が悪く、事業を進めるうえで大きな弊害になっています。そこで、国民の意思が反映され、政治・行政において効率・効果・透明性が確保することが重要であり、機能的な行政・組織の設置、それを動かす人材の育成が急務となっています。

Further Steps　この章で議論したことをより深く掘り下げるために、以下の文献の内容を確認してみよう。

・ 松本勝男『日本型開発協力―途上国支援はなぜ必要なのか』ちくま新書、2023年
・ 黒崎卓・栗田匡相『ストーリーで学ぶ開発経済学―途上国の暮らしを考える』有斐閣、2016年
・ 佐藤寛監修、国際開発学会編『国際協力用語集〔第4版〕』国際開発ジャーナル社、2014年
・ アビジット・V・バナジー・エステル・デュフロ『貧乏人の経済学―もういちど貧困問題を根っこから考える』みすず書房、2012年
・ 渡辺利夫『開発経済学入門』〔第3版〕、東洋経済新報社、2010年
・ 国際開発ジャーナル社編『国際協力キャリアガイド』国際開発ジャーナル社、各年発刊

本書は国際協力についての手法論に多くのページを費やしてきました。しかしこれらは現時点で有効とされている手法にすぎません。今後も見直され、発展させていくことが求められるものです。

大切なのは、困難な課題に直面したときに、自分の頭で考え、状況を判断し、解決策を試行できることです。そのためには、プロジェクトとは何か、相手が直面している問題は何か、現地の人はどうすれば喜んでくれるのか、自分にできることとできないことは何か、できないことはどうすればいいのか、などの課題を整理し、プランを立て、順番に解決していかなければなりません。

パンデミックの時代こそ技術は進化します。直接会うのではなく、オンラインで開催するワークショップなど、先進的な試みも一気に展開してきました。

みなさんのこれからの活躍に期待しています！

実践ワーク

　第IV部は応用編です。本書で触れている国際協力の実務について、よく使われる手法を念頭に、できるだけ実践に役立つワークを掲載しました。経済分析で使われる市場価格から国際価格への転換手法の図解、ジェンダー分析、組織制度づくりのための具体的な方法、ダイヤモンド・ランキングによる開発政策の優先順の設定法などを紹介します。

　将来、国際協力を職業として選択したいと考える方のための高度なワークが中心となっていますので、第III部まで終えたうえで取り組んでください。

　解答例は弘文堂ウェブサイトに掲載しています。

http://www.koubundou.co.jp/files/55176_01.pdf

実践ワーク **1**
財務分析補論

　第5章のワークではプロジェクトの純現在価値を出しました。このとき使った表を少し変換することにより、収益費用比率（Profit Cost Ratio）を計算することができます。一単位当たりの費用でどれだけの収益を出すことができるかを判断するものです。図「経済評価の流れ（概要）」（47頁）の「ステップ1：財務分析　③3指標の算出」の収益費用比率の計算に当たります。下は変換後の表です。

年	費用 （百万円）	13％で割り引いたときの費用の現在価値	14％で割り引いたときの費用の現在価値	収益 （百万円）	13％で割り引いたときの収益の現在価値	14％で割り引いたときの収益の現在価値	割引率13％のときの割引係数＊	割引率14％のときの割引係数
1	5.0			0.0			0.8850	0.8772
2	5.0			0.0			0.7831	0.7695
3	0.5			1.0			0.6931	0.6750
4	0.5			3.0			0.6133	0.5921
5	0.5			5.0			0.5428	0.5194
6	0.5			7.0			0.4803	0.4556
7	0.5			3.0			0.4251	0.3996

＊割引係数とは前頁の割引計算の式 $X = X_n \div (1 + r)^n$ を $X = X_n / (1 + r)^n$ と転換させ、その中の $1 / (1 + r)^n$ をあらかじめ計算したものです。

ワーク1 左から3列目（網掛け）のセルに13％で割り引いたときの費用の現在価値を1年目から7年目まで入れてください。その後13％で割り引いたときの費用の現在価値の総和を計算し、同じ列の黒い囲みの中に入れてください。

ワーク2 左から4列目のセルに14％で割り引いたときの費用の現在価値を1年目から7年目まで入れてください。その後14％で割り引いたときの費用の現在価値の総和を計算し、同じ列の黒い囲みの中に入れてください。

ワーク3 左から6列目のセル（網掛け）に13％で割り引いたときの収益の現在価値を1年目から7年目まで入れてください。その後13％で割り引いたときの収益の現在価値の総和を計算し、同じ列の黒い囲みの中に入れてください。

ワーク4 左から7列目のセルに14%で割り引いたときの収益の現在価値を1年目から7年目まで入れてください。その後14%で割り引いたときの収益の現在価値の総和を計算し、同じ列の黒い囲みの中に入れてください。

ワーク5 収益費用比率は、収益の現在価値の総和を費用の現在価値の総和で割ります。13%で割り引いたときの収益費用比率を求めてください（「ワーク3の結果」÷「ワーク1の結果」）。

ワーク6 14%で割り引いたときの収益費用比率を求めてください（「ワーク4の結果」÷「ワーク2の結果」）。

◆内部収益率の計算

内部収益率はIRR（Internal Rate of Return）と呼ばれますが、そのプロジェクトの現在価値がゼロになったときの割引率をさします。今回の事例の内部収益率を求める前に以下の作業をしてください。

ワーク7 13%で割り引いたときのプロジェクト全体の純現在価値は、「13%で割り引いたときの収益の現在価値の総和」から「13%で割り引いたときの費用の現在価値の総和」を差し引いて求めます。その値を出してください（「ワーク3の結果」―「ワーク1の結果」）。

ワーク8 14%で割り引いたときのプロジェクト全体の純現在価値は、「14%で割り引いたときの収益の現在価値の総和」から「14%で割り引いたときの費用の現在価値の総和」を差し引いて求めます。その値を出してください（「ワーク4の結果」―「ワーク2の結果」）。

ワーク7の結果からわかるとおり、13%で割り引いたときのプロジェクト全体の純現在価値はプラスでした。一方で、ワーク8の結果からわかるとおり14%で割り引いたときのプロジェクト全体の純現在価値はマイナスでした。これを図で表すと右の通りです。

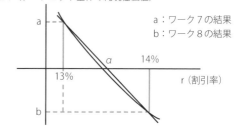

NPV（プロジェクト全体の純現在価値）

a：ワーク7の結果
b：ワーク8の結果

13%　14%

r（割引率）

プロジェクト全体の純現在価値をゼロにする割引率をaで表すと、10％と13％の間にあります。このaをどう求めるかは実は中学校の幾何の知識で十分です。破線は補助線で小と大の相似形の三角形を思い浮かべることができます。小と大の三角形の関係は以下の式で表せます。

$$a - 13 : 14 - 13 = a : (a + |b|)$$
$$(a - 13) / 1 = a / (a + |b|)$$
$$a - 13 = 1 \times a / (a + |b|)$$
$$a = 13 + 1 \times a / (a + |b|)$$

ワーク9　aの値を出してください。この内部収益率aの意味するところは、金利がa％のお金を借りてプロジェクトを実施した際は、収益の現在価値の総和と費用の現在価値の総和が同一になるということです。aの値が高ければ収益性が高いことを意味します。したがって複数のプロジェクトがある場合、aの値がより高いものを選べば、効率的なお金の使い方ができていることになります。

◆エクセル関数の活用（内部収益率、純現在価値）

ワーク10　パソコンが普及した現在、この計算はエクセル関数を使うのが一般的になっています。ＩＲＲ関数がそれです。試しに42頁のワーク2で使ったキャッシュフロー表の中から、「年」「費用」「収益」「収益－費用」の4列をエクセルの表に移し替えてみましょう（次頁の図参照）。「収益－費用」の列に入れる値は、Ｃ列の値からＢ列の値を引く式（たとえば1年目ならば「＝Ｃ2－Ｂ2」）を入れましょう。2年目から7年目までも同じように式を入れておきます。こうすると「収益－費用」の値を自動計算できます。

　さていよいよＩＲＲの自動計算です。最初に、エクセルで作成した上記の表の外側で任意のセルを選んでください。次に、エクセルの計算シートの上部にあるタブを順番に「数式」→「財務」→「ＩＲＲ」とたどります。範囲指定を求められますので、Ｄ2からＤ8までを指定してください。出てきた値を小数点以下二桁まで表示するために、右クリック→「セルの書式設定」→「数値」とたどり、そこで出てきた小数点以下の桁数の窓に2が現れるよう上向き矢印を押してください。ＯＫを押すと小数点2ケタまで表示したＩＲＲの値が出てきます。手計算でやっていた作業があっという間に完了します。実際に計算してみると、手計算の値と誤差があることが実感できるでしょう。これは189頁のグラフにある直線を想定して得たaの値が、曲線が交わるポイントと少し

だけ異なっていることを表しています。ただしこの誤差にこだわることは必ずしも必要ありません。キャッシュフロー表は推計の産物ですので、そこからするとこの誤差は無視しうるくらい小さいものなのです。

　ＩＲＲだけでなく純現在価値もエクセル関数を使えます。まず、エクセル表で任意のセルを選んでください。次に計算シートの上部にあるタブを順番に「数式」→「財務」→「ＮＰＶ」とたどります。すると割引率を求められます。53 頁の例に倣って 10％を選びます（0.1 を入力）。同様に範囲指定を求められますのでＤ２からＤ８までを指定してください。出てきた値を小数点以下二桁まで表示する方法は上と同じです。これで一万円単位までの純現在価値が計算できます。手計算の結果と比べてみてください。次に 188 頁のワークと関連させて、(1) 13％の割引率の時の純現在価値の値と、(2) 14％の割引率の時の純現在価値の値も、エクセルのＮＰＶ関数で求めてください。同様に手計算の結果と比べてみてください。

図　エクセルを使った内部収益率 IRR と純現在価値 NPV の計算

	A	B	C	D	E	F	G	H
1	年	費用 (百万円)	収益 (百万円)	収益—費用 (百万円)				
2	1	5.0	0.0	−5.0				
3	2	5.0	0.0	−5.0				
4	3	0.5	1.0	0.5		IRR計算のための任意のセル		
5	4	0.5	3.0	2.5				
6	5	0.5	5.0	4.5				
7	6	0.5	7.0	6.5		NPV計算のための任意のセル		
8	7	0.5	3.0	2.5				
9								

自動計算の簡単さに驚いたのではないでしょうか。
自動計算のメリットは、費用の値や収益の値を複数想定し、その際にＩＲＲや純現在価値がどのように変化するかを確認するシミュレーションが簡単に実行できることにあります。例えば、これから高い経済成長を予測して収益を 15％高めに設定したり、建設費や資材費が高騰することを想定して費用を 10％高めに設定したとして、それがプロジェクトの内部収益率や純現在価値にどのように反映されるか試算できるので、プロジェクトを実施するかどうかを合理的に判断できることになります。また、早い時期に多額の収益が出るプロジェクトと、長期間にわたって収益が出るがその出方は少し遅れるプロジェクトのどちらが得になるか、データをもとに判断できます。手計算に頼る方法と違い、さまざまな条件をもとにして比較検討できるので、より有利な判断ができます。

実践ワーク **2**

市場価格から国際価格への転換

第5章の図「経済評価の流れ（概要）」（47頁）の「ステップ2：経済分析　①費用の算定：市場価格から国際価格への転換」の作業をやってみましょう。

そもそも市場価格をなぜ国際価格へ転換するのでしょうか。市場価格は国の産業保護のための関税、輸出促進のための補助金、独占企業による価格つり上げ、最低賃金法など法規制による操作等によって影響を受け、国ごとに様々です。

東南アジアM国の国民車生産計画を例にとると、関税により車の価格を高く設定した国内市場では、販売による収益は生産に必要な費用を上回っています。しかし、関税により設定された価格ではなく国際貿易価格に換算して販売価格と生産費用を計算すると、販売価格は半減し、生産のための費用を回収できないことになります。市場価格で見れば黒字でも、国際価格で見ると生産すればするほど赤字が膨らんでいるのです。国の富をどう増やすかという観点からは、自国で生産するよりも外国から同質のものを輸入する方がお金の使い方としては効率的という結果に終わります。

このような失敗を繰り返す国が続出したため、国際協力の世界では、相手国の市場での収益性を確認する財務分析の後で、市場価格を国際価格に換算して費用や収益を再確認しキャッシュフロー表を再度作成する作業をおこないます。国際価格で計算しても収益が費用を上回るのであれば、プロジェクトの健全性は確保されるということになります。

下の表はプロジェクト費用を国際価格に換算する作業を視覚的に表したものです。表を参考に次のワークに取り組んでください。

（単位：百万ルピア）

項目		計	一次分割		二次分割						
			外貨分	内貨分	一次分割の外貨分	内貨分の再分割					
						外貨分	熟練労働	未熟練労働	土地	ほか内貨分	移転項目
建設費	機材	677	508	169	508	0	0	0	0	169	0
	資材	509	169	340	169	85	85	85	0	85	0
	労働者賃金	170	0	169	0	0	85	85	0	0	0
	コンサルタント料	85	68	17	68	0	0	0	0	17	0
	土地	85	0	85	0	0	0	0	85	0	0
	税金	169	0	169	0	0	0	0	0	0	169
	計	1,695	745	950		830	170	170	85	271	169
維持管理費	機材	324	216	108	216	0	0	0	0	108	0
	資材	432	216	216	216	54	54	54	0	54	0
	労働者賃金	216	0	216	0	0	108	108	0	0	0
	税金	108	0	108	0	0	0	0	0	0	108
	計	1,080	432	648		486	162	162	0	162	108

外貨分は CIF 価格（公定為替レートで現地通貨表示）
出典：国際協力事業団『開発調査における経済評価手法研究─共通編』2002 年

ワーク1 建設費の資材費 509 百万ルピアは、第一次分割では外貨分 169 百万ルピア、内貨分 340 百万ルピアですが、これを第二次分割して再計算することで外貨分の割合を増やすことができます。第二次分割の結果外貨分はいくらになったでしょうか。

ワーク2 建設費全体を見ましょう。第一次分割では、建設費全体の外貨分は 745 百万ルピア、内貨分は 950 百万ルピアです。これを第二次分割して再計算することで外貨分の割合を増やすことができます。第二次分割の結果、外貨分はいくらになったでしょうか。

ワーク3 税金・補助金は直接の生産活動にかかわるものではなく、国内で事業主体と国との間で資金が移動するだけのものです。これらは移転項目と呼ばれ、国境を越えて資源が移動するものではないので、国家の富の増減の観点から行う経済分析では対象からは取り除くことになります。建設費全体の外貨分にはここでは税金がかかっていないので、外貨分の計算はワーク2の答えと同じですが、内貨分はいくらになるでしょうか。税金を入れた 865 百万ルピアではなく税金を除いた 696 百万ルピアとなります。表で確認しましょう。

ワーク4 維持管理費についても同様に、資材部分が第一次分割では外貨分 216 百万ルピア、内貨分 216 百万ルピア、ですが、これを第二次分割して再計算することで外貨分の割合を増やすことができます。第二次分割の結果資材部分の外貨分はいくらになったでしょうか。

ワーク5 維持管理費全体を見ましょう。第一次分割では、維持管理費全体の外貨分は 432 百万ルピア、内貨分 648 百万ルピア。これを第二次分割して再計算することで外貨分の割合を増やすことができます。第二次分割の結果外貨分はいくらになったでしょうか。

ワーク6 維持管理費全体の外貨分にはここでは税金がかかっていないので、外貨分の計算はワーク5の答えと同じですが、内貨分はいくらになるでしょうか。税金を入れた 594 百万ルピアではなく税金を除いた 486 百万ルピアとなります。表で確認しましょう。

注1：内貨分はこの後（輸入額＋輸出額）／（輸入額＋輸入関税＋輸出額─輸出関税＋輸出補助金）で得られる係数、すなわち国際価格と国内市場価格の比率を出す標準変換係数（通常1よりも低い）を掛けることにより国際価格換算されます。これにより、内貨分も国際価格換算されることになります。

注2：収益についても、移転項目を取り外すとともに国際価格で再計算されます。また、他の事業者に間接的な収益が発生する場合は、これを合算してプロジェクトの便益として取り扱います。何処までをプロジェクトに起因する間接的収益とするかは、セクターごとに異なり、このことだけで専門的な研究の対象となっています。

注3：参考までにこのテキストで取り上げた分野に関連して、便益として何を算入できるかを次表で紹介します。

表　プロジェクトの効果とその便益への算入についての留意点

分野	金銭価値に換算し便益に算入することが妥当とされている項目	関連データがあれば金銭価値に換算し便益に算入できる項目	金銭価値に換算し便益に算入するには慎重であるべき項目（参入すると費用便益分析の信憑性を失う可能性のある項目）	
地下水 （村落給水）	・水汲み時間短縮、旧井戸の維持費削減、 ・水利用の増大	・医療費削減 ・農業の生産性向上	・その他地域開発効果	・快適性向上
ワクチン接種	・感染症の軽減 ・生存年数の増加	・労働日数損失の回避	・その他地域開発効果	・生活の質の向上
教育		・社会の生産性向上 （生涯賃金の増加）	・地域格差の是正	・生活水準向上 ・文化振興 ・伝統継承
道路	・走行費用削減 ・旅行時間節約	・交通事故減少 ・誘発交通	・その他地域開発効果	・快適性向上
空港	・輸送費用削減 ・旅行時間節約	・安全性向上 ・誘発交通	・その他地域開発効果	・快適性向上
観光	・観光関連産業の生産量の増加	・地域のインフラ整備誘発による利便性向上	・その他地域開発効果	・地域の誇り意識の向上
鉄道	・走行費用削減 ・旅行時間節約	・安全性向上 ・誘発交通	・その他地域開発効果	・快適性の向上
電気通信	・コミュニケーション費用の削減		・その他地域開発効果 ・地域格差是正	
ゴミ処理施設建設	・ゴミ処理コスト削減 ・リサイクルによる未利用資源活用 ・コンポストなど有用資源創出	・環境汚染軽減 ・公衆衛生向上 ・医療費削減	・その他地域開発効果	・快適性の向上 ・景観改善
治水・砂防	・資産や生産への被害の回避・軽減	・営業停止被害軽減 ・人身被害軽減 ・環境保全	・その他地域開発効果	・安心

出典：国際協力事業団『開発調査における経済評価手法研究―共通編』2002年より筆者作成

社会ジェンダー分析

　国際協力の現場の中でも、とくに農村開発の現場では、社会ジェンダー分析がおこなわれます。女性が家事や育児だけでなく農作業や副業に追いまくられている地域では、一見地域住民にとって便益が大きく反対もないと思われるプロジェクトの内容でも、女性の立場からその実現可能性を確認することが重要です。

　社会ジェンダー分析の目的は、プロジェクトでおこなう活動が提案された内容の通りでいいのか、女性のニーズを勘案して修正すべき点（縮小すべき点・拡大すべき点・ほかの活動との代替の必要性）はないのかを確認し、計画内容の改善を図ることにあります。

　そのため、この分析は女性の状況やニーズを対男性との関係において把握します。プロジェクトの実施に伴い発生する負担と利益がどのように配分されるのかを確認することが中心です。女性の負担ばかり増え、利益は男性に配分されてしまうプロジェクトでは、女性の参加意欲や活動の持続性の点で問題が出てきます。従来の社会的階層、民族、宗教に沿って区分されるグループ間の負担と利益の配分だけでなく、ジェンダー（社会的・文化的性差）による配分を見ることにより、社会的弱者の立場からプロジェクトを眺めることができ、貧困層支援プロジェクトが本当に支援になっているのかを確認できます。

◆プレワーク・スタディ

　社会ジェンダー分析に入る前に現在一緒に住んでいるご家族の家庭内の負担と金銭的報酬について考えて表を完成させてください。

	現金収入につながるモノの生産		現金収入につながるサービスの生産		育児		家事		介護		その他	
	義務有無	報酬有無	義務有無	報酬有無	義務有無	報酬有無	義務有無	報酬有無	義務有無	報酬有無	義務有無	報酬有無
祖父												
祖母												
父												
母												
男の兄弟												
女の兄弟												

◆社会ジェンダー分析の現場型ワーク

ワーク1 まず途上国の農村を知る手段として、以下の動画を閲覧し事前に理解を深めておいてください。ブラウザの検索スペースに下のキーワードを入れれば閲覧可能です。
- グラミン銀行―貧困撲滅への闘い　YouTube
- グラミン銀行＋ユニクロ YouTube

ワーク2 途上国農村を念頭に置いた社会ジェンダー分析について標準的な3つのステップを以下の表を手掛かりに理解してください。

　標準的な進め方は3つのステップを踏みます。ステップ1では、想定されるプロジェクトにかかわる人々のうち男女のどちらが主に、モノの生産、サービスの生産、出産・育児、家事などの義務を担っているかを特定します。下図は内陸部乾燥地域の農村に小規模融資で精米機導入、乳牛の飼育、園芸農業を導入するプロジェクトのケースです。第11章で紹介した小規模融資の中でも頻繁に取り上げられる活動です。

▶ステップ1　活動分析──プロジェクト対象社会で誰が何をやっているか

	男女差	現金収入に繋がるモノの生産	現金収入に繋がるサービスの生産	子どもの出産・育児	家事	その他
集団1 精米業	男					
	女					
集団2 乳牛飼育	男					
	女					
集団3 園芸	男					
	女					

次のステップ2では、活動に必要な諸資源が利用できるか、その便益の分配にあずかれるかについての分析を、性差を軸におこないます。女性が不利な立場に置かれているということを具体的に把握できます。

▶ステップ2　活動に必要な諸資源の利用と便益の分配

土地・資金・時間・権力等諸資源の利用と便益の分配		現金収入につながるモノの生産		現金収入につながるサービスの生産		子どもの出産・育児		家事		その他	
		利用可能な諸資源	便益の分配（有・無）	利用可能な諸資源	便益の分配（有・無）	利用可能な諸資源	便益の分配（有・無）	利用可能な諸資源	便益の分配（有・無）	利用可能な諸資源	便益の分配（有・無）
集団1	男										
	女										
集団2	男										
	女										
集団3	男										
	女										

　最後のステップは、利用できる資源へのアクセスの違い（たとえば男性は土地を相続できるが女性はできない、したがってそれを担保としてローンを組める、あるいは組めないなど）とその由来です。分配される便益の違いと由来を明らかにすることにより、権利擁護のための活動をプロジェクトの中にあわせて組み込むことが必要かどうかを判断することができます。また識字能力などが壁になっていることが判明した場合は、これを補足すべきかどうかを探ることもできます。

▶ステップ3　活動に必要な諸資源の利用と便益の分配を阻害（促進）している要因

		現金収入につながるモノの生産		現金収入につながるサービスの生産		子どもの出産・育児		家事		その他	
土地・資金・時間・権力等諸資源の利用と便益の分配		利用可能な諸資源	便益の分配（有・無）	利用可能な諸資源	便益の分配（有・無）	利用可能な諸資源	便益の分配（有・無）	利用可能な諸資源	便益の分配（有・無）	利用可能な諸資源	便益の分配（有・無）
集団1	男										
	利用・分配の阻害（促進）要因										
	女										
	利用・分配の阻害（促進）要因										
集団2	男										
	利用・分配の阻害（促進）要因										
	女										
	利用・分配の阻害（促進）要因										
集団3	男										
	利用・分配の阻害（促進）要因										
	女										
	利用・分配の阻害（促進）要因										

ワーク3 上記の3つのステップに沿って、ワーク1で紹介したグラミン銀行の小規模融資を事例に表を埋めてみましょう。バングラデシュの男女間で、相続、家計の管理、農作業や家内労働の分担について、グループ内で調べ学習をし、その結果を使ってください。

ワーク4 小規模融資が女性の義務の増加や利益配分抑制をもたらさないようにするには、貸付の際にどのような付帯条件を付けることが必要か、重要なものから3つ述べてください。

ワーク5 小規模融資を通じて女性の地位向上を進めるために必要な事項を、重要なものから3つ述べてください。

精米機導入（スリランカ）
農家で米の精米までおこない、付加価値を付けて売る。何度か脱穀機を通して、白米ができる。
〔写真提供：久野真一／JICA〕

乳牛の飼育（ベトナム）
牛小屋で飼葉を与える。今まで飼葉は地面に直接敷いて食べさせていたが、JICAの指導で飼葉桶を設置した。
〔写真提供：加藤雄生／JICA〕

園芸農業（南スーダン）
道ばたで野菜を売る人。
〔写真提供：久野真一／JICA〕

実践ワーク **4**

協力現場でふるまうべき行動の選択

このワークはこれから途上国に赴いて組織の能力強化のために働こうとしている人たちを念頭に作成しています。第 10 章の Further Steps にある「プロセス・マネージメントのためのモニタリング・評価手法に関する基礎研究」43-45 頁（pdf の 52-54 頁）の「表 4-4　モニタリング／評価項目別の質問事項（案）」は、これまで海外で活躍し高い成果を上げたとされる 30 人の派遣専門家が、相手国の組織に入って実践した行動パターンの特徴をもとに作成されたものです。

途上国に派遣され、組織制度づくり支援で顕著な成果を上げた人のプラクティス・モデル

1. **コミュニケーションの促進**
   ・与えられた部屋から出て関係者と積極的にコミュニケーションを図った。
   ・現地パートナーおよび関係者の関心事項の把握につとめた。
   ・機会をとらえて関係者と広く意見交換した。

2. **技術的信頼性の確保**
   ・配属機関の中で問題となっている懸案事項に対して助言をした。
   ・身近の具体的な問題を解決して見せた。相手からの問い合わせに対応した。
   ・相手の関心のある日本の事例について、ペーパーを作成し関係者に伝えた。

3. **現地パートナーから主体性を引き出す関係づくり**
   ・現地パートナーがあくまでも事業の主体であることを認識してもらった。
   ・問題解決を相手側が主体になって実施していく態勢を整えていった。
   ・現地パートナーが合意した作業が遅れている場合、恐れず督促をした。

4. **問題認識のすり合わせ**
   ・相手側が抱える問題に関し、相手側と共通の認識を持つために共に可能な限り現場を見るようにした。
   ・小規模勉強会、定期講義等をおこなって、問題の幅や奥行についての認識を共有するよう努めた。
   ・実験・作業等を通じて体験を共有するような機会を設けた。
   ・率直な意見交換、問題解決策の洗い出しができる関係を構築した。

ワーク1 事例の中からあなた自身が採用できそうなものをリストアップしてください。

ワーク2 事例の1〜4は組織制度づくりを進める際に努力しておこなうべき事柄です。ここで紹介された以外に、1〜4を実現するために効果があると考えられる具体的な行動があれば提案してください。

ワーク3 コルブのモデルは問題解決の局面を4つに区切り（①抱えている課題の確認、②問題の分析と解決策の整理、③解決行動の決定、④実施と効果の検証）、局面ごとに相手に寄り添い問題解決に力を貸すことを想定して作られています。ワーク1、2で提案した具体的な行動法をどの局面で試してみたいか、グループ内で意見交換し、下図の空欄に記入してください。

注：第10章の基本ワークでは①〜④をどうするかを明らかにすることを求めていますが、第4部の応用ワークでは現地パートナーに①〜④に取り組んでもらうために、あなたがどのように働きかけるかを明らかにすることを求めています。

図　組織制度開発モデル（学習過程促進アプローチ）

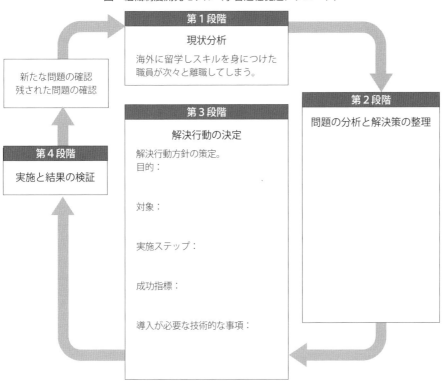

201

実践ワーク **5**

開発とは何か、開発政策のあり方について

1. はじめに

このワークは、あなたが開発コンサルタント（あるいは政策支援の専門家）として、ある開発途上国に対し、その国の政治・経済指導者に開発政策立案のアドバイスをおこなうことを想定して実施します。

国づくりの過程にある途上国では、どのような開発政策・プロジェクトが国の発展に望ましいのでしょうか。また、国民がより幸せで快適な生活を送るためには、どのような手段が有効なのでしょうか。グループによる応用ワークを通じて開発政策を立案し、その政策に沿って開発プロジェクトを立ててみることにより、開発とは何かについて理解を深めます。

2. 実施方法

5人程度で1つのグループを作り、共同で作業をおこないます。2週間の作業期間ののち、各グループで発表内容をまとめ、パワーポイントのスライドを作成します。スライド作成、発表の役割分担を決め、発表の練習もおこないます。

3. ワークの目的

国を発展させるためには、社会・経済分野を対象として幅広く、バランスの取れた開発政策・プロジェクトを実現する必要があります。しかし、国家財政が厳しい途上国では、政策を絞り込み、貴重な財源を集中してプロジェクトを実施しなければなりません。あるプロジェクトを優先して実施すれば、他は後回しとなります。このため政策やプロジェクトに優先度をつける必要があります。

多くの途上国では政情が安定しておらず、経済活動は低迷しています。開発独裁か民主主義か、経済発展か貧困削減か、どちらを優先するかで国家の目指す方向性が変わり、開発の速度や程度に大きな影響が生じます。また政策の遂行には国民の協力が不可欠です。開発政策やプロジェクトについて、その概念や目的についての理解も求められます。

このワークの目的は、国家開発政策のあり方を理解し、国民の視点も踏まえて、開発政策・プロジェクトの考え方を理解することにあります。実際に政策とプロジェクトをつくってみることで、開発を遠い世界のことではなく、自分たちの身近な問題として捉えることができるようになることを狙っています。

4. 対象国選定

下記に示す対象地域から、開発途上の対象国を1つ選びます。対象国は、（1）国家とし

ての体制・施設基盤が十分に整備されていない、（2）政治・経済面において多くの開発課題を抱えている、（3）国民の所得格差が激しく、1日あたり1ドル以下の収入で生活している絶対的貧困と呼ばれる貧しい人が占める割合が多い、などの観点から選定します。

対象地域　　①東南アジア・南アジア、②中東・中央アジア、③大洋州（オセアニア）、④中南米、⑤サハラ以南アフリカ

※ ただし、一人あたり GDP（World Bank ベース）が 5000 ドル以上の国は除く。

5. 政策案の作成

　次に、対象国の開発政策を、205 頁の表 1 に示した開発政策項目の中から選んで順次実現していきます。これにより、発表者は開発コンサルタントとして、対象国が取り組むべき政策案（いくつかの政策組み合わせからなる政策群・パッケージ）をつくります。

6. プレゼンテーション

◆グループ・プレゼンテーション（発表）までの作業

（1）まず始めに各グループで発表する「対象国」を選定します。

（2）表 1 をコピーするか別紙に書き写して切り分け、9 枚のカードを用意します。選定した対象国に対し、開発政策 9 項目の優先順位を決めます。その際、各項目を次の基準で分類します。

　　ア）緊急性（今すぐ取り組む必要性のあること）が極めて高く、かつ重要性が高いと思われる政策を 1 枚

　　イ）緊急性が次に高く、やや重要な政策を 2 枚

　　ウ）緊急性は高くないが中期的（3 ～ 5 年後）には重要な政策を 3 枚

　　エ）長期的（10 年後程度）に重要となる政策を 2 枚

　　オ）長期的にもあまり重要ではない政策を 1 枚

（3）優先順位付けの結果を、図 1 のようにダイヤモンドの形になるように並べます。これをダイヤモンド・ランキングといいます。

◆グループ・プレゼンテーション（目安として作業期間は約 2 週間）

　ダイヤモンド・ランキングを元に、次の内容について発表します。

発表時間は 10 分。発表は全員で分担することとし、発表時間は厳守してください（事前にリハーサルをしておきます）。

（1）その国を選んだ理由。

（2）ダイヤモンド・ランキング作成（優先順位付け）の根拠。

（3）対象国の開発のために、今すぐ実施すべき政策を 1 つ選ぶ。政策の組み合わせでも良い。

（4）選択した政策を有効に実現するため、実現手段（対応策）としてプロジェクトを提案する。プロジェクト実施の手順、他分野への波及効果、事業予算と資金調達方策についても検討する。

7. 注意する点

　表1の政策には、緊急に取り組まねばならない政策と、中長期に対応すべき政策が混在しています。医療、教育、インフラ整備など異なる分野、政策に対して優先順位付けをするにはどうしたらいいのでしょうか。項目を比較するための考え方はいかにあるべきでしょうか。その評価基準・指標はどう設定すべきでしょうか。これらの事項を念頭において発表をおこないます。

　最後に、①開発計画を作成する主体は誰なのか。国が定める計画に国民の意見をどのように反映させていくのか。計画に対する国民の合意形成はどう進めるのか、②優先順位を決定するための科学的（定量的）な手法をどうするか、を検証します。

8. プレゼンテーションの評価（配点）

　以下の項目について 10 点満点で評価します。
（1）ランキング作成の根拠（評価基準指標の明確性、40%）
（2）プロジェクトの妥当性（30%）
（3）プレゼンテーションの明快さ（30%）

9. 個人レポートの提出

　プレゼンテーション後に個人でレポートをまとめます。グループ・プレゼンテーション（グループ別の点数）とレポート（個人の点数）は別々に採点します。内容はプロジェクト提案書（プロポーザル）の形態でまとめます。個人レポートの内容はプレゼンテーションの提案内容と異なっていてもかまいません。分量は A4 で 4 ページとします。レポートでは、上記6．の内容を網羅すること。特に、優先順位付けの根拠と、プロジェクトの内容は明記されていることが必要です。本書で学ぶ PCM などの知識を盛り込み、図表、写真を入れて、わかりやすいもの、説得力のあるものに仕上げて下さい。レポートの提出締め切りは 2 週間後とします。

表1　開発政策の項目

A	B	C
農業、工業、商業が発展し、国の生産能力が向上する。これにより富が増え、雇用機会も増大する	政党の自由を認め、権力や権限がより平等に人々に行き渡り、個人の発言の自由が保障される。	施設の整備により、衛生環境が改善される。健康保険医療制度の充実により、健康的な生活がおこなわれる。
D	**E**	**F**
社会・産業基盤、たとえば交通網が十分整備され、それにより経済が成長する。	外国の資本を導入して、近代農法の導入、設備投資による大工場が建設される。これにより、先進国から最新鋭の技術が移転される。	経済活動、生活基盤整備、あるいは福祉などへの諸外国からの援助依存を減らす。対外債務を減らして自国の独立性を高める。
G	**H**	**I**
強力で安定した政権を樹立し、政権基盤を固める。	誰もが義務教育を受けられるようにする。さらに中等、高等教育が充実されることによって、教育への窓口を広げる。	個人格差を解消させ、貧困を撲滅する。より良い家族計画がなされ、人口を急増させない。これにより、各家庭が充実した保健サービスを受けられるようにする。

図1　ダイヤモンド・ランキング

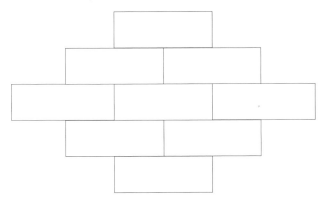

参考文献
・『いきいき開発教育』開発教育協議会、2000年5月
・『開発教育・国際理解教育ハンドブック』国際協力推進協会、2001年3月
・徳永達己・高橋洋二「開発途上国における都市問題とそれに対応した事業の優先度評価に係わる考察―都市問題の分類・体系化およびワークショップ型実験による階層分析の検証を通じて」『計画行政』第29巻第2号、日本計画行政学会、2006年6月

おわりに

　これまで国際協力のコースで勉強しその世界に飛び立っていった学生たちは様々に活躍しています。国際協力機構で働いているＡさん。国内の土木工事会社でトンネル掘りを覚えたのちにエチオピアやケニアで井戸掘り業務に携わったＢくん。彼はその後海外の大学院で学び直し、現在はあるファンドで地域開発の仕事に従事しています。ハイチ地震の被災地に入り、慣れないフランス語を駆使して怪我をした人の支援にあたった元看護師で社会人学生のＣさん。数年の社会人経験ののちセネガルでコミュニティ開発のボランティア活動をおこない、現在は特産品を作る仕事に精を出すＤくん。大学院に進学し、大使館の専門調査員として日本に来るインドネシアの看護師さんたちの生活背景調査に当たったＥさん。自らファンドを立ち上げたＦくん。そして本書の正樹くんのように国際協力の研究者を目指すＧくん。

　今でこそ、皆それぞれの想いを国際協力の仕事や活動に活かして活躍していますが、学び始めのころに、国際協力の中心的なテーマがわかりやすく解説され、有効な技法を効率的に習得でき、どこに活躍のチャンスが広がるのかを示唆する本を準備できていたならば、と強く感じます。その意味で、この本は大学で教える立場の私たちが、遅きながら、若い学生たちの熱い志に応えようとして書いたエールともいえます。そして、既に国際協力の世界で経験を積んだ卒業生の皆さんには、本書の改善をどしどし提案してもらい、仕事を通じて身に付けた技法や想いをできるだけわかりやすい形で次に続く後輩に伝え、彼らが飛び立つために力を貸してほしいと願っています。

　本書はたくさんの方々のお力により出来上がりました。まず、渡辺利夫先生の一貫した励ましに感謝いたします。また、構想の段階からご自身の貴重な講義資料をご提供いただき、ご指導いただいた、篠塚徹先生、藤本耕士先生、赤石和則先生に感謝いたします。

共著者の徳永達己先生には、インフラ分野を中心に豊富な現地経験に裏打ちされた最新の国際協力の動向についての解説（第4章、第12章、第15章）と締めくくりのワーク（実践ワーク5）をまとめていただきました。お陰で初学者から実務家にまで広く対応したバランスの良い本に仕上げることができました。

　拓殖大学国際学部および大学院の佐原ゼミナールの学生たち。みなさんとのやり取りを頭に置きながらこの本を書きました。その意味でこれはみなさんとの協働の成果です。どうもありがとう。出来上がった原稿を、全くの門外漢の視点から読み、わかりにくいことは率直にわからないとコメントしてくれた学生のみなさん。辛抱強くコメントしてくれたおかげで専門外の人も抵抗なく読める本に仕上げることができました。

　2009年の夏休み、姉妹校であるダルマプルサダでの夏季研修の引率を快く肩代わりしていただいた小野沢先生。本書の素案をまとめる2週間を確保することができました。それから14年、改訂を重ねてようやくここまで来ました。大変お世話になりました。

　編集者の外山千尋さん。ワークを入れてはどうか、ターゲットは、と様々のご助言をいただく中で、国際協力の世界に入らんとしつつも不安を抱えている人の背中を押す書とする方向でこの本をまとめあげることができました。我慢強くお付き合いいただき、感謝の心でいっぱいです。

著者を代表して　佐原　隆幸

索 引

国際協力キーワード一覧

著者紹介

佐原隆幸 さはら たかゆき

拓殖大学国際学部教授、学術博士（PH.D　開発行政）
1953 年、山口県生まれ。上智大学外国語学部英語学科卒業、筑波大学大学院地域研究科修了、マンチェスター大学大学院開発行政研究科修了。国際協力事業団（現在は国際協力機構、JICA）、外務省経済協力局、在チリ日本大使館技術協力担当書記官、国際大学客員教授、JICA インドネシア事務所次長、JICA アジア一部調査役を経て現職。専門は開発計画、参加型プロジェクト、国際協力の方法、プロジェクト計画・評価論、制度開発論。

徳永達己 とくなが たつみ

拓殖大学国際学部教授、博士（工学）
1961 年、神奈川県生まれ。拓殖大学商学部貿易学科卒業、東京海洋大学大学院商船学研究科修了。青年海外協力隊、（社）国際開発技術協会、エイト日本技術開発（株）、拓殖大学大学院国際協力学研究科を経て現職。専門は都市計画、交通計画などのインフラストラクチャー（社会基盤）開発およびプロジェクトマネジメント。
著書に『プロジェクトマネジメント入門』（共著、朝倉書店、2012 年）他。

国際協力アクティブ・ラーニング〈第2版〉
──ワークでつかむグローバルキャリア

2016（平成28）年2月15日　初　版1刷発行
2022（令和4）年4月15日　同　3刷発行
2024（令和6）年2月28日　第2版1刷発行

著　者　佐原隆幸・徳永達己
発行者　鯉渕　友南
発行所　株式会社　弘文堂　　101-0062　東京都千代田区神田駿河台1の7
　　　　　　　　　　　　　　TEL 03(3294)4801　　振替 00120-6-53909
　　　　　　　　　　　　　　https://www.koubundou.co.jp

デザイン・イラスト　高嶋良枝
カバーデザイン協力　木村さくら
印　刷　三報社印刷
製　本　井上製本所

ISBN978-4-335-55213-7